和食癒源《わしょくゆげん》

四季の食材を食卓に

荒井 秀

はじめに

本書『和食癒源《わしょくゆげん》　四季の食材を食卓に』をお手に取っていただきありがとうございます。

私、荒井秀《あらいひで》と申します。東京で、「和食は癒し」をテーマに「ヒーリング和食」と称して和食料理教室、味噌づくりワークショップ、おむすびのワークショップ、私の料理で「もてなし」をするランチ会などを開催しています。

和食料理研究は、独身の頃から始めたので、すでに40年以上が経ちました。味噌づくりも同じ頃からスタートし、今なお研鑽の日々です。和食や味噌への興味は尽きることがありません。

それも全て、日頃、私の活動にご賛同くださり、料理教室・ワークショップなどにご参加くださる皆様のおかげです。

ご参加者と話をしていると各家庭や組織、コミュニティーのお話を伺う機会にも恵まれます。

いうならば、料理教室・味噌づくりワークショップを通して、世の中や社会の様子が見えてくるのです。

本書でも要となることなので、ここで少し、私の生まれた時代から現在までの社会の変遷について触れさせていただきますね。

私が生まれ育ち、家庭を持つようになったのは、高度経済成長期とバブル景気を謳歌する時代でした。社会的には女性の社会進出が始まった頃。それでも多くの女性は結婚適齢期を迎えて結婚し、その後は家庭で「専業主婦」になるという時代です。

家庭においては「男子、厨房に入らず」の言葉通り、炊事はもちろんのこと、家事全般を担いました。主婦は、専ら家族の健康と生活の基盤を一生支えるのが当然。それが当時の風潮でした。

子どもたちが学校から帰宅すると家にいるものであり、主人の帰宅までに食事の用意ができているものです。作った料理は美味しいのが「当たり前」として暗黙の了解がありましたので、見えないところで家庭料理の味を極めていくことも主婦としての努めでした。料理を作ること＝人生といえました。

２０２４年現在、社会と家庭の環境も大きく変わりました。多様性という言葉が浸透し、「料理男子」の言葉に表されるように、独身・既婚に関わらず、男性であろう子どもであろうと、料理を作ることは一般的になってきました。

自然食品店で買い物をする男性の姿も見られるようになり、時代と環境の変化を実感しています。興味深いのは、皆さん真剣な眼差しで食材とラベルに記載されている原材料・主原料をご覧になっていること。しかも、それを楽しんでいらっしゃる印象もあります。料理サイトやＳＮＳで見たものを作るのが目的のようです。本当に素敵なことですね。

調理をする立場にあると、自ずと自身のみならず、家族の健康も関わってきます。

「人は日々、食べるもの、口にするものでできる」の言葉もあるように、料理作り、調理を通して、食材を吟味することはすなわち、自身と家族の人生と向き合い、見つめる機会を得るということです。もっというと、笑顔に触れる機会や感動を覚える機会に多く恵まれるのです。

そう考えると、「料理」って奥が深いです。

だからこそ、私は料理教室や味噌づくりワークショップを可能な限り、続けていきたいのです。

このような時代の変遷の中にあって、現在は「和食」が世界中から注目されています。

「和食」が2013年にユネスコ無形文化遺産へ登録されたことを機に、世界中で注目されているのです。また、近年はインバウンドと称して、世界中から様々な国籍の方々が訪れています。訪日観光客は目的の中に、本場の和食を食べられるというのが旅の大きな楽しみになっているそうです。それほど世界中で和食ブームなのです。

この風潮の中で、私なりに和食について想うところを書いてみました。

本書は「和食レシピ本」ではありません。

日本人が日本人として知る必要があると想うこと。和食って何？　と尋ねられた際に伝えられることを書いています。そのため素材のことや、身体の健康のこと、毎日の生活にも言及しています。

読み進めていただく中で、私が想う「和食は癒し」ということにも納得いただければ幸いです。さらに、本書をきっかけとして皆様の台所が「癒し」を饗する場所になるのなら、作者としてこれ以上の喜びはありません。

本書がひとりでも多くの方の「癒し」の本となることを願って。

目次

第2章　3才までに口にしたものが「味覚」のベースになる　51

第3章　味噌づくりを通して「和食」の原点に触れる

やってみてわかる「味噌づくり」の意外な手軽さ
大豆の凄さ
「味噌」の由来を知ると、手作りしたくなる
現代社会の「キレイ好き」は味噌の発酵具合を変えてしまう
抗がん剤によってカビだらけの異臭を放つ味噌ができ上がった
美味しい味噌を作るにあたり
味噌づくりを時短料理にしてしまうとどうなるか？
味噌づくりワークショップ中に教えてもらった驚きのエピソード
「おから」から味噌を作る？
「時短」の使い途を考える
食品添加物や化学調味料により、時短料理が成立してしまう怖さ
文明の利器によって生まれたジレンマ

第一章　日本人にとって、和食は癒し

伝統和食と一般和食

私は常々、和食は「癒し」であると考えています。ここでは、なぜそう思うのかをお伝えしていきます。

その前に、私から一つお尋ねします。皆様にとって和食とは何でしょうか？コロナ禍を経た今日、インバウンドと称して世界中から訪日観光客が年々増えています。

訪日観光客が滞在期間中に求めるものの中に「和食」を楽しむというのがあります。

さて、彼・彼女たちが言う和食は一体、何を指しているのでしょう？

今から35年ほど前、バブル期の和食は海外で「日本食」と表されるものでした。

その代表例が、鮨・刺身・天ぷら・すき焼きであったことは記憶に新しいのではないでしょうか。

一方、コロナ禍以降のインバウンドは、ラーメン・丼もの・カレーライス・お好み焼きなどを和食として挙げているようです。かなり庶民的なメニューが並びますね。先の鮨や天ぷらなどと合わせて、総称として「和食」と認識されています。

私はここでひとまとめにするのではなく、便宜上、「伝統和食」と「一般和食」と分けていこうと思います。

世界遺産登録された和食

伝統和食と一般和食について深掘りしていく前に、まず和食が世界遺産登録されたことについて、見ていきたいと思います。

正式にはユネスコ無形文化遺産。登録されたのは、2013年12月4日のことです。この時に登録された「和食」とは〝和食＝日本人の伝統的な食文化〟であり、料理としての和食ではなく、〝和食を育んできた日本の食文化〟と記載されています。その背景には、文化の保護、継承があります。

余談ですが、記憶に新しい２０１１年の東日本大震災によって引き起こされたこともこのタイミングでの世界遺産登録に関係したようです。震災からの復興及び、海外向けに生産された日本国産の食材が汚染されているという風説を払拭するため（興味ある方は調べてみると色んな情報が閲覧できますよ）、登録へ向けて懸命に働きかけた結果、晴れてユネスコ無形文化遺産登録となったわけです。

そして海外の映画俳優、スポーツ選手、著名人など、海外セレブリティらの存在も大きな影響があったのではないでしょうか。

元々海外セレブリティらは日本食がヘルシーであると強く認識していま

す。それは日本人の外見から判断しているようです。欧米人と比較すると小柄ではあるものの極端に肥えている人が少なく、スリムで新しいファッションが似合う体型と綺麗な肌、髪も艶があり、見た目も実年齢より若いこと。

筋骨隆々とした欧米人選手が多いスポーツの世界で大活躍する日本人選手たちのパワーをとってみても、そう感じることが多いのでしょう。

健康的でエネルギッシュな日本人の力の源は、日本人が日常的に食べているものが影響しているのではないか、と思われるのは当然のことのように思います。

実際、野球でもサッカーでも大活躍する日本人選手は、皆、一様に自前でシェフを同行させていますし、その食事法や食事内容は他の国の選手では真似できない独特なものがあります。

アメリカの歌手、マドンナさんは日本人のパーソナル・シェフをつけて自身や家族の食生活を管理してもらっていると聞いたことがあります。日本人の食事、食生活を日本人の手を借りて実践してもらう。セレブらしい発想ですね。それほどセレブたちが健康に留意して、日本食を好んで食していることが伺えます。

対して、アメリカ人は日本人では考えられないくらいの肥満がいます。背丈もあるのですが、横幅も想像を絶する人がいます。

アメリカでは体型の管理ができない人は、自らを律する能力にも欠けるということから、ビジネスの世界では出世できないといわれています。厳しい世界ですから、このような風習があるのでしょう。

セレブな彼・彼女たちが来日すると、日本で過ごしている様子や食べているものをＳＮＳで発信し、それをファンの方々が見て和食に興味関心を持ったことが和食ブームの牽引になったようです。

彼・彼女らが美味しいと評して楽しんでいたものが、意外にもラーメン、カレーライス、とんかつなどの料理です。それを聞いて驚きました。私はてっきり、銀座でミシュラン掲載店の鮨、懐石、鉄板焼きなどの料理に舌鼓を打っているのかと思っていましたから。セレブな方たちなので、おそらくはそのようなお店での食事も堪能されているでしょう。その上で、美味しいと喜んでいたものが私たちに馴染みのある「一般和食」でした。

伝統和食とは?

では、改めて「伝統和食」とは何を指しているのでしょうか?

地域にもよりますが、自然素材から取り出した出汁と旬の素材を活かした調理方法による料理といえます。

伝統的な和食の「基本形」飯・汁・菜・漬物による食事

その「基本形」は飯・汁・菜・漬物。何ともシンプルです。当然ながら時代によって事情は異なり、生活環境にも左右されます。また、身分によるところもあり、飯といっても白米ではなく、雑穀・ひえ・粟がメインですね。

伝統和食という言葉の印象として、思い浮かぶものに「懐石料理」が挙げられます。現代人の私たちですら豪華に感じる懐石料理、その基礎は「精進料理」で、鎌倉時代まで遡ります。

当時の文化背景により、「茶の湯×精進料理」のハイブリッド、さらに「おもてなし」

とコラボして「懐石料理」「日本料理」と呼ばれるものが誕生しています。

余談ですが、懐石と会席の違い、音が同じなので困惑しやすいですが、「懐石」は茶道の流れを汲んでおり、質素な食事を意味する言葉で、「会席」は寄合の席で饗される豪華な食事を意味しています。

精進料理、懐石・会席料理、これらが私の考える「伝統和食」です。どちらかというと「食文化」の意味が強いですね。

一般和食とは？

先にもお伝えしていますが、訪日客が昨今、現地で楽しんでいる食事、ラーメンや蕎麦を含めた麺類、カレーライス、丼もの、とんかつなどですが、これらは私たち日本人にとって馴染み深い、毎日の食生活において、どこかで口にしているものばかりです。そのほとんどが家庭で口にしているもの。私はそれらを「一般和食」としています。言い換えると「家庭料理」です。

ここで考えてみたいことがあります。

大人も子どもも大好きな一般和食ですが、元を辿れば、海外から入ってきたものが多いと思いませんか?

ラーメンは中国の汁そば、カレーライスはインドを経てイギリスやフランスから入ってきたものですし、ハンバーグはドイツ、パスタ類はイタリア。喫茶店で人気メニューのスパゲッティ・ナポリタンやトルコライスなど、現地に存在しない料理まで生み出されています。

このように国内で独自進化した料理を含め、私たちが日常的に家庭や外食で口にする料理を、私は「一般和食」と呼んでいます。

一般和食の発祥といえる所在は明確です。神奈川県横浜市に「ホテルニューグランド」があります。1927(昭和2)年に開業し、戦後、GH

Qのマッカーサー元帥、喜劇王チャーリー・チャップリン氏、メジャーリーグのベーブ・ルース氏が宿泊したことで有名なホテルです。

日本人にも大変人気のある、シーフードドリア、スパゲッティ・ナポリタン、プリン・ア・ラ・モードといったメニューは、このホテルが発祥地として広く認識されています。


世界の料理を日本人の口に合うようアレンジしているユニークさ

大人も子どもも大好きな料理にハンバーグがあります。諸説ありますが、もとはフランス料理の「タルタル・ステーキ」、ステーキといっても焼いていない馬や牛の生肉料理がドイツのハンブルグに伝わって、現在の原型になったようです。それが日本に伝わり独自進化した「和食」になっています。

カレーライスもそうです。もとはインド料理であることは多くの方がご存じでしょう。ですが、日本のカレーライスをインドへ持って行くとどうなるか？　彼らにしてみれば「異世界料理」扱いとなります（笑）。国内でもインドカレーのお店は人気ですが、そこで提供しているナン。実のところインド人は滅多に口にしないのです。日本人受けが良いのでお店で出しているということですね。味付けにしても日本人好みに改良されていて、現地のカレーとは異なるものです。いうならば、「インド人が作るインド風の日本式カレー」。何だかワケがわからなくなりますね（笑）。

イタリア料理のピザやパスタにしてもそう。日本人が経営するイタリア料理店では「旬の採れたて野菜を使ったピザ」「今が旬のシラスと大葉のパスタ」といったメニューを目にすることがあります。和食の原点となる「旬の食材」をトッピングや具材に取り入れた例です。この時点でイタリア料理なのか、和食なのかわからないのですが（笑）。

中華にしても「街中華」という言葉があるくらいです。本場の中華料理にはない「エビマヨ」なんてメニューがあります。

他にも、台湾料理、香港料理、シンガポール料理、ベトナム料理やカンボジア料理、タイ料理、フランス料理、全てが日本で日本人向けに味付けを変えて適応しています。

現地の基準から外れているからこそ、独自進化して、現在の「和食ブーム」に繋がっていると思うと面白いですね。

本当に「和食」ってユニークなのです。

某バラエティー番組で印象的だったシーン

今はもうやっていないのですが、以前、テレビの番組で元国民的アイドルが各界の著名人をゲストに迎えて料理を提供する企画がありました。ある時、日本でも多くのファンを持つフランスの人気俳優、アラン・ドロン氏がゲスト出演された際に注文したのが「ブイヤベース」でした。

時間内に調理して、いざ実食タイムになり、その俳優が料理の評価をコメントすると、出演者が全員驚いたのです。おそらく視聴者も同じ反応だったのではないでしょうか。

なぜなら、彼の評価が本当に意外なものだったからです。

これはブイヤベースではない。ブイヤベースに使う魚介類は全部で8種類、どの食材を使うのかも決まっている。ただ、これはこれで魚介スープ料理としては美味しい。

このようにコメントしたのです。

調べてみると南フランス・マルセイユには「ブイヤベース憲章」なるものがあり、使用する食材の種類や数、食べ方に至るまで厳格なルールが制定されています。

ところが、日本において、ブイヤベースは単なる「魚介スープ料理」と認識されていて、ブイヤベース発祥の地、南フランス・マルセイユ伝統料理のルールの枠を超えてしまっているようです。日本人がブイヤベースと呼ぶものは、独自にアレンジしたもので、「マルセイユ風魚介スープ」になっており、いわば「和食」になっていたのです。

テレビ番組で往年の俳優が口にしたブイヤベースも「和食」であって、彼の想定する「ブイヤベース」ではなかったわけですね。

意外な評価に元某国民的アイドルのメンバーが落胆しつつ、驚きの表情をしていたのが印象的でした。

このエピソードからも垣間見えますが、常に形を変えながら独自のアレンジで変化継承されているもの。それが「一般和食」といえるでしょう。

国内でも似たものはあります。お正月料理に欠かせない「おせち」、中でも「お雑煮」の具材は地域によって異なります。地域によって得られる、採れる食材が異なるため厳格な決まりはないのが現状です。また、地域によって味付けも異なります。さらに家庭によって味も具材も変わり、独自のアレンジで受け継がれています。それは「家庭の味付け」が受け継がれているわけで、「文化」になっているのです。これこそがユネスコ無形文化遺産に登録された由縁なのです。

一般和食の原点は「家庭料理」

１０代、２０代の若い世代の方々で、カレーライスやハンバーグは家のものが一番美味しいといった声を聞いたことあるのではないでしょうか。私が一般和食と呼ぶものは、実のところ「家庭料理」なんです。

実家に帰って手作りの料理を食べるとホッとする、元気になる、そういう感覚に共感する人も多いのではないでしょうか？

ここで少し私の幼少期のことをお話させてください。

私の家系は元々、信州・長野県にあります。親戚も長野におります。幼少期は時折、母方の叔母や祖父母の元へ訪れておりました。

叔母や祖母の食事は何でも手作りです。土地柄、海産物は少なく、魚料理といえば鯉を使った「鯉こく」です。主菜は野菜中心。しかもスーパーで購入したものではなく、自家栽培している新鮮な採れたて野菜の料理が食卓に並びます。

中でも私が大好きだったものがあります。

長野の郷土料理としても有名な「おやき」です。ご存じの方も多いのではないでしょうか。外皮はメリケン粉で練ったもので、中の具材には、郷土料理の「野沢菜」や丸茄子と自家製油味噌を挟んだものを盛り込み、蒸《ふ》かして囲炉裏で焼いたたものです。見た目は中華の「肉まん」みたいな感じです。けれどそれとは異なります。当時は今のように小麦粉で練った外皮を使用するのではなく、メリケン粉を使用していました。

メリケン粉を別名「うどん粉」と呼びます。「それって小麦粉じゃん」と思われる方もいらっしゃるかもしれませんが、メリケン粉、うどん粉は国産小麦の加工品です。

一方、小麦粉はアメリカをはじめ、海外から輸入したものです。成分が異なるのです。

叔母はメリケン粉で「おやき」を作ってくれ、長野へ行くこと、叔母に手作りの「おやき」を作ってもらうことが楽しみでした。

長野では、現在も各家庭で作られることが多いようです。家庭によって具材も変わるので、家庭ごとに「オリジナルおやき」があるのです。

叔母のおやきをいただくと、長野に来たんだな〜と実感したものです。現在は、その当時のものを食べたいと思っても、残念ながら、従姉妹たちの家には囲炉裏がないこと、メリケン粉ではなく、小麦粉がメインになっているため、再現してもらうのが難しくなりました。

私が本書で言いたいことの核でもあるのですが、「和食は癒し」の原点は家庭にあると思っています。叔母のおやきもそうですが、生まれてからずっと口にして身体に馴染んできたもの。私のＤＮＡに浸透しているものです。

成長して一人暮らしを始めた人が、帰省の折に実家で食事をすると元気になる、心が安心するのは長年馴染んだ味をＤＮＡレベルで覚えているからでしょう。

作る側もずっと作業のようにやってきたことです。どんな状況にあっても作り続けてきた年月があります。

だから親子喧嘩をしても、口論しても、反抗期で口を利かない日々が続いても、食事における原点は家族の健康と元気であって欲しいと想う「心」なのです。ひとり一人の性格や個性、人格形成、成長を支える大切なことです。

だからこそ、本書を通して、日本人本来の「和食」とはどういうものなのかを見直せる機会にしていただきたいと思っています。

飽食の時代だからこそ見直して欲しい「和食」の魅力

日本は世界でも珍しい食文化を確立している稀有な国です。日本にいながら世界各国の美味しい料理を堪能できるのです。後述していますが、世界中の料理が日本国内にもたらされ、それらが独自に進化しています。その「独自」に貢献しているのが、日本人には馴染み深い「醤油」や「味噌」といった調味料を、メインの食材やソースやスープの隠し味に使っていることでしょうか。たった2つの調味料によって、西洋風から和風へ早変わりするのです。これってスゴイことだと思いませんか？　私はこうしたことからも、日本人は和の食材と調味料の魅力を再認識して欲しいと願っています。

四季がある日本と日本人の食生活は風土と郷土によって育まれてきた

日本人の使う言葉で「手作り」「手料理」「手打ち」「手間」があります。「手」によって育まれてきた背景と文化です。現代のように機械化によって食材や食品が加工されたものではなく、「手」を使って全てを作っていました。農作業しかり、調理しかり、生活そのものが「手作業」で育まれてきた文化があります。

そこに地産地消と郷土が折り合って日本独自の食文化が育まれてきました。

これは本当に大切なことと想っていますので、日本と日本人の食事、生活を立て直す鍵になっていると真剣に想っています。

日本の食卓の原風景から生まれたもの

現在では一般家庭で見かけなくなった日本の風習風景についてのお話です。

全国各地を観光すると、その地で見かけるものに古民家や旧邸跡地を覗くと「土間」があります。今でもたまに地方の農家さんや酒蔵屋敷にあります。

使っているかどうか関わらず、そこには「かまど」「囲炉裏」があります。

これは貴族庶民の家や邸宅関係なくあったものです。いわゆる「調理場」「厨房」です。

ここでは全ての作業が手作業でした。水道管が敷かれているわけではないので、水も外の井戸へ汲みに行く、お湯が必要なら火で沸かす。今では考えられない環境です。これを厳しい寒さの中でも行っていたのです。

お米はかまどで炊いて、汁ものや主食、副菜の調理が囲炉裏や土間で行うものでした。漫画やアニメでも、その様子を垣間見ることができるので、何となくイメージできるのではないでしょうか。こうして「手間」をかけ、「手作業」でできあがった食事を「手料理」と呼んでいました。慌ただしい現代とは異なる世界に思えますね。全てをこのようなものへ戻すことは到底難しいとしても、調理にひと手間をかける、料理にひと工夫することは可能ではないでしょうか？

ひと工夫といっても決して難しいことではありません。

私が考える「ひと工夫」は、

・食材に「旬」のものを使う

・米や塩に拘る

この程度のものから始めてみるのです。

日本人の食生活には、まず米と塩です。

米は限りなく農薬が使われていないものを選ぶ。実際、完全無農薬栽培のお米は、我々の想像以上に大変なことです。苗から無農薬栽培となると、さらに大変な作業になります。それこそ農家さんが毎日、毎日、自らの時間を費やして万全を期して手塩にかけて栽培しています。涙ぐましい努力の結晶です。それは価格に反映されるため、スーパーに陳列しても手に取ってもらえないというジレンマが起きます。

さらにいうと、農協へ卸すと、他の米生産者さんが栽培した農薬使用の米とブレンドして出荷される現状があります。こうして価格を抑えて販売可能にしているのです。

ですが、本当にそれで良いのでしょうか？　価格ではなく、「価値」でお米を見ると、どちらが日本人と日本人の健康にとって良いのかおわかりになるのではないでしょうか。

そして塩。塩は人間の生活と健康に欠かせないものです。市場に出回る塩は「精製加工塩」といい、化学精製された加工品です。成分も塩化ナトリウムのみ、もしくは添加物を示すカタカナ文字やアルファベット文字が含まれているものです。

このようなモノを身体に摂り込み続けると、高血圧や他の疾患のもととなり、医療機関にお世話になるのです。

私がオススメするのは「天然塩」です。

原材料に「海水」と記載されているものです。

成分は基本、

・カリウム
・カルシウム
・マグネシウム
・ナトリウム

この4つが含まれているものです。製造工程は「天日干し」「平釜」と記載されるもの。

これが「天然塩」です。

天然塩は成分のバランスが取れているので、精製加工塩（塩化ナトリウム）

のみのように高血圧になる可能性は低くなります。人体と天然塩が体内の塩分濃度をキチンと管理してくれるのです。人体の組成に塩は欠かせません。そして良質の天然塩を摂ることは、人体に元気をもたらし、バイタリティーを増幅してくれるなど好影響を与えてくれるのです。100年前のフランスの医療では、「カントン療法」といって、海水を体内の血中濃度と同じに調整して摂り込むことで、治癒を目指す療法がありました。それほど自然治癒力を高めてくれるものです。このような事例があるように、天然塩を摂ることの大切さを知っているか否かで、人生にも健康にも大きな差が出てくるといえるでしょう。

歴史の中で「塩抜きの刑」というものがあるほど、塩が人体に与える影響が大きいいのです。獄中の罪人が余りにも不遜な態度や暴力をふるうなど、番人の目に余る場合、食事から塩を抜いてしまうというものです。これによって、身体から「元気」が削がれてしまい、おとなしくなるということから使われていたようです。

それほど塩の持つ成分や力は人体に大きく関係しているのです。

私が自宅で食している野菜は、主に長野の親戚が季節ごとに送ってくれるもの。塩は味噌づくりでも使っている韓国の焼塩「QI《キ》パワーソルト」を選んでいます。信頼する方がオススメくださったものですが、自身の身体に合ったものですから、そちらを摂り続けています。皆さんも海外の岩塩やヒマラヤソルト、国内の赤穂の塩や粟国の塩など全国各地で良質な塩がありますから、ご自身に合うものを選んで摂ってみてください。

米と塩に拘わる工夫。お試しいただきたいです。

塩に関して言及したので、調味料全般に触れてみたいと思います。

調味料の「さしすせそ」を耳にしたことがある方も多いのではないでしょうか。

・さ　砂糖
・し　塩
・す　酢
・せ　醤油
・そ　味噌

昔から、家庭に常備する調味料の基本として語られています。

ご年配の方でしたら、姑から、これらの調味料を欠いて、お叱りを受けた記憶ある方もいらっしゃるかもしれませんね。それほど大切なものとして扱われています。

【砂糖】

中国からもたらされた輸入品で、貴重品だった過去があります。そのため、貴族階級が口にするもので庶民には憧れのものでした。国内で製造するようになったのは江戸時代後期、そこから庶民も手にすることができるようになり、料理に使用するようになったのは近代に入ってからのこと。

個人的には砂糖は不要だと思っています（ここでは白砂糖を指します）。白砂糖と同じ甘味料が化学精製されるようになり、神経や脳、臓器に及ぼす影響や疾患が増えていることから私自身は料理に使用していません。どうも身体に合わないし、身体が冷えるからです。

低体温で婦人科系疾患を持つ方とお話すると、甘いもの好きが関係しているのもスルーできないところです。婦人科系疾患には白砂糖を断つこと、身体を温めて体温を高めにキープすることです。

【塩】

約3000年前には塩が作られていたとされています。調味料としてだけでなく、保存・防腐に優れ、味噌・醤油の原材料としても使われているほどです。個人的な意見ですが、砂糖は抜いてもただちに問題はありませんが、塩は人間の生活と健康に欠かせないものなので、しっかり摂ることをオススメします。先述しているので、合わせてお読みください。

【酢】

和食ブームの中で、日本人も好きな料理に鮨が挙げられます。米と酢のバランスが良い酢飯ファンも多いのではないでしょうか。

酢の歴史は塩に次いで古い調味料といわれています。元は米から酒を造る際に失敗したのが由来なのだとか。

夏の暑い気候下では、食欲も落ちてきます。サッパリした酢の味は、身体をととのえてくれる感覚があるのは私だけではないと思います。

現代は大量生産も可能となり、塩と同じく天然ではない、添加物が含まれ、化学精製した加工酢も市場に出回っているので、自然素材由来の天然酢を摂ることも他の調味料と同じくらい大切なことです。


【醤油】


歴史を遡ると、中国より伝来した「醬《ひしお》」が、時を経て、鎌倉時代に味噌づくりで生まれる「溜《たまり》」が美味しいと知れ渡り、製造されるようになったもの。

全国の地域ごとに味が異なるのも地域性があって興味深いです。洋食に醤油を加えるだけで「和食」になるマジック調味料ですね。

海外への輸出量も増えているのも世界的な和食ブームによるところです。

原料は味噌と同じく大豆を元に、大麦・小麦・塩で作られています。現代は大量生産が可能となっているので、速やかに商品化して販売することを目的としているため、工程も大幅に短縮され、様々な添加物や風味を良くするために脱脂大豆が使われていることもあるので、ラベルをシッカリ確認して手に取り、口にしていただきたい調味料です。

【味噌】

本書冒頭の「はじめに」でもご紹介しておりますが、私自身、味噌づくりワークショップを開催しています。

醤油と同じく大豆を原料としており、調味料だけではなく、食品としても扱われる発酵食品です。

日本人の食生活と健康にも欠かせません。地域性もあり、八丁味噌のように発酵して食品になるまで3年を経るものまで豊富な種類があります。

大量生産が可能な現代社会において、原料に様々なものが含まれており、古来の味噌とは異なるものに変貌しています。

出産後の母乳の出が悪い方が味噌汁をしっかり摂ることで、母乳が造られて授乳できるようになることもあるほどです。栄養価も高いことは周知のとおりです。

味噌のことは、発酵食品と日本人の健康、腸内環境をととのえることにも繋がる話です。次章以降でしっかりとお伝えしますので、ここではこの程度にしておきますね。

調味料に関してはここまでにして、次章では家庭料理が抱える問題についてお伝えします。

世界的な和食ブームの裏で、私たち日本人の食事、食生活が抱える問題があります。

私自身の経験を通して、皆様の食生活の改善に繋がると嬉しいです。

もうしばらくお付き合いくださいね。

第二章　3才までに口にしたものが「味覚」のベースになる

日本人独自といわれる「旨味」とは

私が本章でどうしても考えていただきたいと思っていることがあります。それは調味料のこと。

私自身、美味しいものが大好きですから、もちろん外食も楽しみます。外食をしていると不思議な感覚になることがあります。

塩味が利きすぎている、添加物により舌がピリピリして麻痺した感覚になる。外食ですから、平均的な味付けや調味が研究された結果ではあると思いますが、私にはどうしてもキツく感じることがあります。

皆様にも私と同じ感覚になる方がいらっしゃるのではないでしょうか。

味覚について考えるにあたって、非常に重要な「事実」があります。

〝人の味覚は3才までに培われる〟のです。

3才までの大切な期間に、外食や化学調味料、添加物の味に慣れ親しみ、染みついてしまうと、自然素材本来の味がわからなくなってしまうのです。このわからなくなってしまう理由、私は「旨味調味料」が起因ではないかと考えています。加工食品のラベルをご覧になるとご理解いただけるのではないでしょうか。そこには「旨味」を調整するため化学精製された様々なものが記載されています。

化学精製された味に馴染んでしまうことは恐ろしい

私が懸念している、幼少期の子どもたちの食事内容に関しても触れておきます。

それは離乳食のこと。ベビーフードです。現代人の味覚が崩れている源といっても過言ではありません。

赤ちゃん用の専門店には、ビックリするほどの多種多様なベビーフードが並んでいます。

パッケージはいかにも美味しそうな画像がラベリングされていて、大人ですら食べたくなるようなものが並んでいます。

しかし、よく考えてみて欲しいのです。

大人の食事顔負けメニュー満載のベビーフード。例えば「舌平目のムニエル」、これらのメニューを毎日食べている大人っているでしょうか？　母親でも毎日作らないメニューを、味覚が発達していない、純粋な舌を持つ赤ちゃんに食べさせているということ。しかも容器に記載表示されている内容を考慮すると、私には怖く思えて仕方がありません。

ベビーフードの多くは化学成分で味付けしたもので、**純粋な味覚を消して**

いくのです。

生まれたての子どもたちが自然素材本来の味を知らないまま、その先、何十年という人生を送ることになるのです。

時代が違うと言われればそれまでですが、私が子育てしている頃は、カボチャを煮たもの、旬の食材を煮込んで柔らかくし擂《す》り潰したものや、米を柔らかく煮たものや具沢山の味噌汁を離乳食、ベビーフードとしていました。自身で作っているのですから、食材はもとより、調味料に至っても把握しています。それらを子どもが食べて体調を崩しても親の責任となるのです。責任重大です。これは私だけではありません。昭和初期世代の親御さんなら誰でもやっていたことです。

ベビーフードの全てが危険だとは思いません。中には生産者さん、開発者さんが心血を注いで、ママさんや赤ちゃんのために作っているものもあります。そういった意味でも、購入する際にパッケージに記載されている成分表記を見るクセをつけていただきたいのです。

その理由として、容器の表記をご覧になればご想像つくのではないでしょうか。カタカナで記載され、化学（成分）調合された「化学調味料」いわゆる「旨味成分」です。

そもそも「旨味」と「旨味成分」は別ものです。

ちょっと言葉のニュアンスで困惑しそうなので、この2つを簡単にご説明しますね。

まずは「旨味」から。

旨味は、4つの基本の味、

・甘み

・酸味

・塩味
・苦味
これらの後に、**第5の味と定義されたものが「旨味」です。**

旨味を認識できるのは、どうやら日本人独自の感性のようです。海外の料理人やガストロノミーの間でも「UMAMI」と表記され、独特の味であることを認識理解されるようになりました。

デンマーク・コペンハーゲンにある、世界的に有名なレストラン「NOMA《ノーマ》」では、日本料理（和食）と日本の独自な「旨味」に着目し、日本へ旨味の研究に訪れ、独自に「旨味」を開発するほどです。それほど注目されるものなのです。

次に「旨味物質成分」。

旨味物質成分、略して旨味成分は、元々自然素材のものに含まれています。
大きく3つあります。

・アミノ酸系物質
・核酸系物質
・有機酸系物質

特にアミノ酸（と略します）に含まれる成分、

・グルタミン酸
・イノシン酸
・グアニル酸
・コハク酸
・アスパラギン酸

これらの旨味成分を化学精製して造ったものが「旨味（成分）調味料」です。

当然ながら自然素材ではありません。

今ではどのようなものにも含まれている「旨味調味料」ですが、アミノ酸の旨味成分が時代を経て変わってきています。私が子どもの頃には、ほぼ存在していませんでした。昆布やかつお節、椎茸から出汁を取ります。それらに含まれているのが「旨味」です。それを化学成分で調整・調合するようになり、「旨味調味料」なるものが世に出回るようになりました。今後、さらに「コオロギ粉末」まで混合されるようになるらしく、一体、私たちは何を口にすることになるのでしょう？　知らないでは済まなくなりますね。

これでは本来の味覚など育ちようがないのです。

ちなみに海外では「中華料理症候群」といい、旨味調味料を使用したレストランでは健康被害による裁判まで起きています。興味ある方はご自身で調べてみると非常に勉強になりますよ。

味覚がダマされる＝脳がダマされる

冒頭から刺激的な言葉を並べていますが、**脳がダマされると自然本来の「味」がわからなくなるのです。**

化学調味料を口にすることで、舌と神経を経由して脳が「味」をインプットし記憶してしまいます。その機能を果たすのが脳の大脳皮質、側頭葉にある味覚中枢です。かなり脳の奥深いところに位置しています。これが意味するところ、つまり**味覚中枢は脳の奥にあるほど大切に守られているということです。**そこに自然素材の味とは異なる、似たように造られた化学物質が神経を介して届けられると、「味」として認識して受容してしまい、自然素材本来の味より美味しいと感じて上書き保存してしまいます。しかも人工の化学成分のため、味覚に関わる神経が麻痺してしまうのです。いうならば**脳が**

シビレている状態です。脳の味覚を司る分野が正常に機能していると、「にせもの」が侵入してきたと察知して、これ以上の侵入を認めないように排泄するように促します。この時に、ひどい場合だと意識を失い、身体が痙攣を起こす症状が出ます。これが先述している海外のレストランで健康被害による裁判沙汰へ繋がっているのです。

本当に恐ろしいことですね。これが離乳食に含まれている成分なのだと思うと、親がしっかり勉強して賢くなっておかなければなりません。そのために親が自然素材の味をよく理解して知っておくことが肝心となります。製品を手に取り、容器に記載表示されている内容を読む習慣づけにより、変えていけることも多くありますよ。

清い舌を持つことの大切さ

私には成人した子どもが二人おります。それぞれ家庭を持っておりますし、孫もおります。たまたま孫と一緒に義娘が来ていた日に、自宅で料理教室を開催したことがあります。当時3才に満たない孫がお腹を空かしているので、これを食べておいてと渡したものが昆布です。我家には、小さい子どもが好むようなお菓子は置いておりません。そもそも息子たちが幼少期の頃のおやつは、基本、スルメと昆布でした。彼らが3才になるまでチョコレートは口にしたことがないほどでした。その流れがあり、私が手渡した昆布、孫は初めて目にするその物体を不思議そうに眺めていましたが、バアバがくれたものだから大丈夫だろうと握りしめてかじり始めました。身体半分ほどもある、相当大きなものを手渡したので両手で掴んでかじっていました。

料理教室の最中でしたから孫の様子を見ながらやっていると、昆布の端の方から舐めて柔らかくなった箇所が可愛い歯型で欠けています。料理がある程度でき上がり、皆で食事をする時間になったので、孫から昆布を渡してもらおうとすると、返してくれないのです。

なんと、美味しいと言って放そうとしません。これが「清い舌」というものですね。昆布の味がわかるのです。結局、その時は皆さんと食事をしておりましたが、それ以降、暫くの間、ウチに来ると昆布をせがんでいました(笑)。

3才までに自然素材の味を脳が記憶することの大切さ、そのことが人生で大きな役割を担うことになるのだと再認識しました。

母親が作る食事の味の大切さ

こうして孫を通して味覚や味に対して再認識できたことにより、私自身もさらに学びの機会を得ることになりました。孫の存在を与えてくれた義娘には本当に感謝しかありません。

華やかでなくても OK ！

私の家庭料理はというと、見た目も決して華やかではありません。よく、ビーガン料理を揶揄して「茶色い料理」と表現して言われることが多いのですが、それに近いものがあります（笑）。

子どもたちが未だ学生時代だった育ち盛りの頃は、部活動をしていたこともあり、本当によく食べていましたので、食卓に肉料理を出していました。ですが基本、旬の野菜、魚がメインで、副菜が並び、ご飯と味噌汁という献立です。その頃には原料となる大豆、塩、麹、水を取り寄せて、味噌の手作りを始めていました。余談ですが、今も味噌づくりワークショップは毎年寒い時期に行い、１０月に蔵出しと称して、私の手料理でもてなしながら開催しています。味噌づくりは４０年を超えました。蔵出し直後の味噌はとても美味しいです。具材も出汁も利かせる必要はなく、原材料のままで美味しくいただけます。このことは本書でも大切な箇所となりますので後述いたします。

話を戻して、息子たちはおかげ様でアラフォー世代となりますが、今も虫歯がなく、大きな病気もせずに過ごしてくれています。部活動で外傷を負うことはありましたが、他の同級生よりも治癒期間が短く済んだと話してくれたことがあります。母親として、これほど嬉しいことはありません。主人にしましても、大きな病気をすることもなく、元気に過ごせているのは母ちゃんの料理のおかげだと言ってくれることが多いです。主婦としてこれほど嬉しい言葉はありません。主人と子どもたちの胃袋を掴んだ結果ですね（笑）。これも全て、基本に忠実であり、日本人の身体に必要な「四季の食材で作る和の家庭料理」のおかげと思っています。

ところで、私が料理の世界に入ったキッカケですが、皆様には意外に思われるかもしれません。実は、私の母は料理が苦手で、母が作る料理が美味しくなかったのです。言葉を選ばずに言うと、不味いのです。それは父も同じ感覚を抱いていたようです。どうにも耐えられなくなった私が、自分で何とかしようと一念発起して父に直談判し、料理教室へ通わせてもらいました。父は様々な料理教室へ通わせてくれました。和食はテレビの料理教室に出演していた茶道の先生が開催する、伝統和食の料理教室。洋食は都内にあるホテルの著名なシェフたちが、当番制で開催していた料理教室。中国料理界でも有名なシェフが講師を務める料理教室。私は本当にラッキーです。若くして、和洋中の料理の基礎を一流シェフから直に学ぶことができたのですから。それが日々の家庭料理、料理教室、味噌づくりや梅干し作りに役だっています。

化学調味料が溢れる時代ではなく、自然素材で調理し、旬の食材で料理をするのが当然であるという風潮の中で生まれ育って良かったと思っています。

自然素材を用いて作る料理の味を教える人がいない。そして、世代の問題

味噌づくりワークショップをやっていると様々な世代の方々が集ってくれます。

上は私と同世代かやや上、下は息子世代の方々まで。中でも家庭料理を担う子育てママ世代の方々は本当に熱心に参加してくれます。

毎回、顔を合わせて話をしていると、話の内容で、**あること**が共通して聞こえてきます。

それは、「**自然素材を用いて基礎から作る料理の味を教えてくれる人がいない**」ということ。

これって真面目な話、大変なことなのです。本来の家庭の味が存在しないといっても過言ではありません。

出汁を取るのが面倒だからという話も挙がるのですが、突き詰めて聞いていくと、子育てママ世代の親がまず、自然素材を使った調理法を知らないというのです。

煮物の煮汁を作るにも、「麺つゆ」で代用しているとのこと。確かに便利ですが、原料を見ると、必ずといって良いほど化学調味料が記載されています。「旨味成分」というやつです。これによって舌が麻痺してしまい、脳へインプットされてしまうので、自然素材本来の味と旨味よりも化学調味料の旨味に慣れてしまい、それが美味しいと感じてしまうほど味覚がボケてしまうのです。このことが顕著に表れているエピソードがありますのでご紹介します。

これはどこかの講座で伺った話ですが、「世界で一番美味しいラーメンは決められないが、世界で一番売れているラーメンはコレだ！」と大手食品メーカーのカップ麺が紹介されていました。このことは単なる売れ行きの話では済まないことで、世界中の人々の味覚が化学調味料の味に慣れ親しんでいて、自然素材の味がわからないことを公言しているようなものです。

結局、家庭料理の長となる母親（場合によっては父親や祖父母）が自然素材本来の味を知らないことに繋がっていくのです。

こう考えると家庭料理の長の役目は重責ですね。世界中の母親の皆さんをはじめ、家庭料理を担うご家庭の皆さん、お疲れ様です。

私は一人でも多くの方へ自然素材本来の味を活かせる方法を伝授するため、日々、邁進しております。私の活動にご関心ある方は巻末にご紹介しているSNSアカウントをフォローして繋がっていただけると嬉しいです。

一緒に自然素材本来の味を伝えて参りましょう！

伝統和食には四季があるが、一般和食には四季がない

スーパーで買い物中や、外食をしている時、不思議に思うことがあります。

この季節にナゼ、この食材が売っているの？　ナゼ、この時期にこの食材を使って料理を提供できるの？　と思うのです。

例えば、真冬の寒い時期に「トマト」「キュウリ」が売っている。真夏の暑い時期に「大根」「白菜」「ほうれん草」「小松菜」など鍋料理に使う野菜が売っている。お店でそれらの食材を使った料理が提供されている、などです。

温室栽培や水耕栽培による農業の進化といえばそれまでですが、私の幼少期は、四季の野菜・果物を販売するのは八百屋さんでした。それが今ではスーパーにとって代わっています。

食材に季節感がないことが当たり前の感覚になってしまっていて、これらのことに違和感を覚えないと身体の健康状態に危険信号が点ります。季節の摂理において、あり得ないことだからです。

季節の摂理でいくと、トマトは暑い季節に市場へ出るものです。なぜなら、トマトの原産は南米大陸、現在は主にメキシコが輸出量も世界トップクラスです。メキシコは、ご存じのように太陽が輝く、暑い気候の国です。そうした国では身体を冷やす作用ある食材が自然の恵みによってもたらされていきます。食べることで体温調整しているのです。それはキュウリも同じ。沖縄で有名なゴーヤだってそうです。それを真冬の寒い時期に食べるとどうなりますか？　ご想像つくと思いますが、身体がさらに冷えるのです。これでは本当に栄養を摂っているのか？？？　な感覚になります。

伝統和食には四季があります。その発祥も時代背景としてもテクノロジーがない時代です、市場や田畑にあるものは旬の食材です。旬の食材で構成されている膳となります。

対して一般和食には四季がありません。ファミリーレストランへ行くと、真冬にトマトやキュウリが入ったサラダを注文することができます。デザートのケーキを注文すると、季節を問わず、イチゴが添えられています。

こうした事態は健康にも関わってくるのです。

私は個人的に人体と栄養を調べることが好きで、独学ですが、健康学を追求しました。その観点と経験から言うと、現代人は日常の食生活において、あり得ないことをやって、どんどん不健康になっているように見えます。そうして医療機関や薬がないと生きていけないようになっている。本末転倒なことをしています。

東洋医学に「医食同源」という言葉があります。

広辞苑では「病気を治すのも食事をするのも、生命を養い健康を保つためで、その本質は同じ」。

ウィキペディアによると「日頃からバランスの取れた美味しい食事を摂ることで病気を予防・治療できる、とする考え方」とあります。

体調不良に見舞われて、医療機関や薬が手放せないという方は、この考え方に真っ向勝負しているのではないでしょうか。私にはそのように見えるし思えて仕方がありません。主人や私の友人でがんで亡くなっている方や疾患持ちで薬を飲んでいる方も多いです。

このような状態を続けることで、一生お付き合いする肉体と簡単にお別れすることになりますし、一生、医療機関と薬の世話になり続け、健康保険料が膨大に膨らんでいくことに加担しています。

旬の食材が持つ栄養と身体の関係

そのような生活を続けていくことに意味があるのでしょうか？

私はそう思えないので、こうして私が得ている知識の一部でも皆様と共有できたらと思って動いています。

本書は和食の魅力と共に、「和食は癒し」と称して書き進めています。健康書籍ではありません。ですが、食事、特に和食を日常的に摂ることと、健康な日々を送ることとは密接に繋がっていると考えます。そのため、私のほんのささやかな知識と知恵ではありますが、古希まで培ってきた体験、このことについて述べていきますね。

先ほど「医食同源」に触れました。ここで私の経験を基にした医食同源についてお伝えしますね。

例えば、車はガソリンで動きます。規定の燃料と異なるガソリンを入れるとエンジンがかからず壊れる原因となります。これが人間ならどうでしょうか？　人間は口から入れるもので生命活動しています。味が変、食材が臭うなど、感覚的におかしいものを口にすると身体が拒絶反応を起こします。その食べ物が身体に良いか悪いか判断できるのです。

私が想う医食同源は「食べるもの＝身体に良いもの」です。これは絶対に外せません。

現代の食生活では、この考え方を実践するのが難しくなっています。憂うべきことです。

そのため、本書を執筆するに至っています。

日本人のための「医食同源」で現在の和食と家庭料理で腸内環境をととのえる

私は、〝日本人は自分の身体を自分で守れる〟と常日頃より想っています。

ここでは日本人のための医食同源について想うところをお伝えしていきます

ね。

皆様も経験あるのではないでしょうか。食後、無性に眠気に襲われたり、アタマや身体に妙な重ダルさがあったり、スッキリしない状態が続いて集中力が得られないということ。よく食後は胃が消化のために血液を集中させるので、脳へ巡る血液が足らないから起きる現象なんていいます。本当にそれだけでしょうか？　私の経験上、そうではないと言いきれるのです。そのスッキリしない理由は、食品や食材、食事で使用する調味料によるものだとしたら辻褄が合うことが多いのです。

ＳＮＳかＹｏｕＴｕｂｅで拝見したのか明確ではないのですが、日本人男性で自然環境そのものの中で生活している方がお話されていました。

その方が語る内容がとても印象に残っているのでここでお伝えしたいと思います。

その方は、ある時、枯れているトウモロコシを3粒食べたところでお腹が満たされてしまったそうです。3本ではありません。3粒です。本当は6粒食べようと思ったのだけれど、3粒で満腹になってしまって残りを食べられなくなったというのです。

またある時、ジビエとして狩猟した動物を未だ温かさが残るうちに調理して食したら、ほんの僅かな量でお腹いっぱいになってしまい、皆で分け合っていただいた。科学的根拠はないのだけれど、トウモロコシにしてもジビエにしても自然のものはエネルギーが高く、ほんの僅かな量で自身の力が漲ってくる感覚があると話されていました。

私はこれこそが「食事」といえるのではないかと思うのです。新鮮な野菜や魚をいただくと、眠くなるどころか、すぐに満たされて元気になります。眠くなるのは全く別の理由だと考えています。

身体が疲れる食材、調味料を使っていませんか？

食後に元気になるどころか、疲れてダルくなり、眠くなる。その現象、調味料や食材に含まれる添加物の仕業ではないでしょうか。

添加物が混じっているものを食べると、体内に摂り込まれた毒素を分解する機能を司る肝臓が懸命に働きます。肝臓がこの状態になると肉体の機能上、眠ることで身体を守ると聞いたことがあります（中には血糖値の激しい上昇によるものもあると思いますが）。私はこの意見に同感です。身体を疲れさせる調味料や食材があるのです。皆様にもまず、このことを覚えておいて欲しいです。

そうした調味料や食材を摂取しないようにするためには、自身が学ぶことです。袋に詰められているもの、箱に詰められているもの、それぞれにラベルが貼られていて、内容が記載されています。身体が元気になる食材、食品に記載されている内容はとてもシンプルです。原材料と素材のみです。

一方で、身体が疲れてしまう食品のラベルにはカタカナ表記とアルファベットが組み合わされたものが何行も記されています。それらの多くは自然に存在しない、化学製造したものです。人体は自然のものなので、当然ながら身体が欲するものは自然素材のものです。そうでないものは身体が受け付けず、吐き出したり、排泄するよう促します。

本当に身体と健康を考えていくのであれば、まずラベルを見るクセをつけることです。

白砂糖で体調が崩れる

砂糖を摂ることも注意が必要と考えます。

現代人はとにかく砂糖の摂りすぎです。特に白砂糖です。

スイーツブームも手伝ってか、コンビニスイーツも種類が豊富ですし、ケーキ屋さんには、可愛いデザインのものも多く並んでいます。この見た目とは裏腹に大人も子どもも関係なく、糖尿病予備軍が多いことに驚かされます。砂糖摂取の弊害は脳の発育発達にも影響します。神経系に影響するため、イライラしやすくなるしキレやすくなります。これを抑えるためにさらに砂糖を摂ります。砂糖ならまだしも、砂糖の何倍、何十倍もの甘味料も存在します。ソフトドリンクやエナジードリンクに含まれていることが多いです。これは脳を麻痺させて身体の感覚を忘れさせているのです。麻痺が正常に戻ってくると無理やり起こしていた感覚が限界になってくるので、肉体は疲れ果ててしまうのです。それを忘れさせるために、さらに摂り込む。この現象って何かに似ていると思いませんか？　身に覚えのある方もいらっしゃるのではないでしょうか。砂糖は常習性があるので気をつけたいものです。

ここまで激しくなくても糖分を欲する場合、ハチミツを摂るとか、料理なら みりんで調整するなどの工夫が可能なのです。

四季折々の「旬」を摂る

食べ物によっては、薬になるものもあれば、その一方で病んでしまうものもあります。どちらを選択するのはご自身が学ぶことが大切です。

日本は四季があります。季節や時期に添う食材があります。どの季節に、どのような食材が採れるのかを知ることも学ぶことも大切です。学ぶことで四季を実感できるのです。

そして「旬」の食材を摂ることは良いこと尽くしです。自然と調和した状態の身体を作ることができるようになります。私たちの身体は季節に応じて変化するので、それぞれの時期に適した味覚の食材が自然から贈られるのです。

夏は冷やす、冬は温めることが食材によって可能なのです。

ただ、個人的に気になっているのは昨今の日本の気候。移り変わり方が激しいと感じています。季節外れの台風に見舞われたりします。

この本を執筆しているのは2024年の夏ですが、気温が体温を超えることもよくあります。寒暖差も大きくなり、暑いか寒いかの〝二季〟へ移行しているかのようです。この影響は海にも及んでいるので、秋の味覚のサンマが北海道で採れなくなっているともいいます。それにより、原価が上がり、価格高騰を招くことも起きています。

日本の旬が旬でなくなってきていることは安易にスルーできなくなっています。

添加物で腸内環境のバランスが崩れている

旬の食材をより安価で供給できるのは、社会のインフラが整っているから可能なことです。ですが、私は安易に安価な食材や加工食品を手にすることは避けています。その理由は添加物が含まれているからです。今の日本で添加物が含まれていない食品を見つけることは難しいことも理解しています。だからこそ「手作り」をするのです。先にも述べておりますが、食後に身体がダルくなるのは添加物によるものと考えています。内臓へ負担がかかりすぎるのです。腸内環境のバランスも崩れてしまいます。人間の腸内にはおよそ100兆の菌が存在するといわれていて、それらの活動によって腸内環境がととのえられています。味噌や醤油、酒、梅干しなどの発酵物を摂ることで腸内細菌が働きかけ、腸、そして身体全体のバランスを保ってくれているのです。

このバランスが添加物によって崩れてしまうのです。それにより便秘をはじめ、鬱などの精神疾患にも影響しているというのです。

ここで腸内環境をバランス良く保つことがいかに大切か、私個人の経験を皆様と共有させてください。

ストレスまみれの生活が起こした子宮筋腫と胃がん

私が結婚した頃、世の中はバブル期です。社会が賑やかな時代でした。男性社会なものですから、世の男性方は深夜まで仕事をするのが当たり前でした。我家もご多聞に洩れずです。そんな中で出産と子育てをワンオペでやっておりました。さらに両方の親の介護もあり、忙しさで自身の身体のケアなんて考えてもいられない中、突然の体調不良に見舞われたのです。

突然歩けなくなり病院で検査すると、髄膜炎と診断されました。子どもが発熱した時のものが感染していたのです。医師からはすぐに入院するように言われ、そのまま入院。主人が会社を休めないこと、幼い子どもたちもいるため、3日間の入院を2日で退院する強硬手段をとりました。医師が驚いていましたね（笑）。

元々、私は貧血気味だったのでしょうね。子どもたちを妊娠している最中は、貧血要注意の状態でした。出産後、追い打ちをかけるように子宮筋腫が発覚し、出血量も多いことから通院することになりました。さらにこの時の私の身体の状態は、貧血の数値が正常値の半分ほどになっていました。貧血の治療と造血剤投与、血清鉄点滴を試みましたが、いずれも私には合わず断念しました。

先述していますが、この状態でワンオペ子育てと主人と私の両方の親の介護を続けておりましたが、さすがに身体がストレス過多でギブアップを訴えてきました。またもや体調不良になり、病院で検査を受けると、胃がんの腫瘍マーカーが出たのです。

子宮筋腫と胃がんを患ったことは主人にも両親にも伝えていませんでした。何度も倒れてしまっては家庭に大きな影響を与えてしまいます。病院の世話にもなりたくない、そこで、自分の身体は自分で守ると決めたのです。

この経験が現在の活動の基になっています。

様々な養生を試してみた結果、行きついた「食養生」の大切さ

それからは独学ですが、健康関連の書籍を読み漁り、時間を見つけて食関連や健康関連の講演会へと足を運び、様々なことを学び、試してみました。

自身で行きついたのが「腸内環境」をととのえることでした。ストレス過多のため、腸の働きが弱く、栄養吸収が弱いとわかったので、まずは乳酸菌を摂ってみました。これが効いたのか、体調が落ち着き始めたのです。実感が伴うと早いものです。食事改善を試みて、働き盛りの主人と育ち盛りの子どもたちには栄養とパワーが必要なので、食卓で肉料理を出すこともありましたが、自身では肉を食すことはやめました。主食を玄米に切り替えてみたのですが、玄米はよく噛むことが前提のものです。せっかちな私にはよく噛むということが合わず、胃の消化に刺激が強くて腸の状態も改善しないため断念しました。マクロビオティックもやってみたのですが、これも合わなくて、食事療法そのものの考えを改めることにしたのです。

「引き算」食養生の実践

　子宮筋腫を抱えているものですから、通常だと栄養補給を気にするものですが、私の場合、余計な栄養を「引き算」することにしました。

　東洋医学における腫瘍には「体温」「糖分」が重要になります。

　低体温では腫瘍が拡大する環境が整い、糖分を栄養に活発にさせてしまうというものです。体温によって細胞の状態が変わるのですが、体温と人体の関係は左記のとおりです。

・34.0℃　水に溺れた人を救出後、生命の回復がギリギリの体温
・35.0℃　がん細胞が最も増加する温度
・35.5℃　自律神経失調症。アレルギー症状が出る
・36.0℃　身体が震えることで、熱生産を増加させようとする
・36.5℃　健康体。免疫力旺盛。

・37・0℃　体内酵素が活性。
・37・5℃　菌やウイルスに強い状態。
・38・0℃　免疫力が強くなり、白血球が病気と闘う。
・39・6℃　乳がん細胞死滅。
・40・0℃　ほとんどのがん細胞が死滅。

このようになります。

ですから体温を高くすることを徹底し、体温を下げる砂糖を断ちました。フルーツも糖分なのですが、繊維質も含むので朝だけ摂るようにしました。冷たいものを摂るのもやめ、体温を常に37℃にキープすることに努めたのです。38℃をキープするには、筋トレをすると良いのですが、そのような時間もなかったので37℃キープを目指しました。余談ですが、欧米人の平均体温が37~38℃前後と聞いたことがあります。そもそも日本人より骨格が大きい上、筋肉も大きいのです。主菜を肉としていることもあり、栄養が筋肉にしっかり行き渡るから血流も良いのです。そんな彼・彼女たちがアクティブに身体を動かす、筋肉を鍛えることで、発熱器官でもある筋肉がその体温を保っているのでしょう。

私は体温を高くするための食材、食事、調味料に徹しました。

これらが効いたのか、胃がんの腫瘍マーカーは正常値になり、子宮筋腫はそのままにしておいても大丈夫な状態へ変わったため、オペをすることなく済みました。

体質改善を始めた頃の私の精神状態は、今思えば並みのものではなかったです。それでも家庭生活を支えるために食に関わる全てを見直したのです。

味噌の手作りを始めたのもこの頃からです。

他、乳製品もやめました。日本人の腸には合わないからです。日本人の腸の長さは平均して9メートル、欧米人では7〜8メートルといわれています。この長さが関係するのは酵素分解と栄養吸収です。欧米人の腸で吸収できる栄養素と日本人の腸で栄養吸収できるものは異なります。ちなみに世界的な和食ブームにある中で、本か何かで聞いたか目にした話ですが、海藻類を腸内で分解吸収できるのは日本人特有のもののようです。それは腸内の分解酵素が理由らしいのです。確かに、お隣の韓国では海苔を食しますが、生海苔は食さないようですし、昆布やワカメ、ひじきを食すことは日本人ほどないようです。海外の方々でも「海苔巻きすし」は食しますし、味噌汁を飲む際に、ワカメやあおさも食しているはずですが、腸内で分解・吸収しているかどうかは定かではありません。

一般的にカルシウムや栄養補給に牛乳が推奨されます。私はこれは違うのではないかと思っています。

人間の母乳をとってみてもおわかりいただけるように、「乳」は白色の血液です。乳幼児は、母親の摂る栄養を血液通して免疫成分を含めて補給しているのです。ですから母親が摂る栄養がいかに大切なのか知る必要があるのです。

牛乳は文字通り牛の乳＝牛の血液です。それを人間が飲むのはどういうことでしょう。人体に他の免疫成分が入ると拒絶反応を起こします。人間の免疫抵抗力と他の免疫抵抗力がぶつかり合ってお互いを攻撃し合うのです。牛乳を飲むとお腹を壊す人がいるのは、人体の構造上、正常に機能しているのです。しかも人間の母乳が出るのは出産直後からです。体内のホルモン分泌が働きかけて機能しています。

一方で、牛は常に乳を出しています。これがどういうことかというと、常に乳を出すような状態にされているのです。その方法は肥料にホルモン剤が含まれていて、乳が出るように仕向けられています。牛も人間と同じで、食べたもので身体が作られるので、血液にもホルモン剤が含まれているのです。その血液が乳となるのですから、市場の牛乳にはホルモン剤が入っているといえるのです。それを人間が飲んでいる。牛乳は牛の子が飲むものです。

また、母乳が出にくい新米ママさんの食生活を調べると、チーズたっぷりのピザや揚げ物を多く摂っていることがわかっています。母乳を出す乳腺が乳製品の成分で詰まってしまうといいます。研究論文ではこれらのことは関連がないと発表していますが、助産師の友人が実際に現場で体験している話では、この研究論文とは異なる意見があるようです。私はその意見に賛同しています。しかも、その母乳が美味しくないようなのです。赤ちゃんの味覚は綺麗なままなので、母乳の味がわかるから変な味がすると拒絶します。飲まないのではなく、〝飲めない〟のです。ママさんが毎日の食事を見直し、チーズの代わりに味噌汁を飲むようになったら、途端に母乳の出が良くなるとのこと。ただし、味噌も自然素材で造られたものに限ります。
このようなことも学んだ結果、私は牛乳も乳製品も摂らないのです。

野菜で栄養補給をすることも大切です。本来はそれが理想です。ですが、牛乳と同じく、農薬や化学肥料に含まれる成分によって土壌自体が汚染され、土壌環境を作る微生物が死滅し、野菜栽培に必要な栄養分を土から吸収できなくなっています。形は綺麗な野菜だとしても、栄養価はほとんどないものになっています。こうなると人体は必要な栄養分を取り込めないので、脳の満腹中枢が栄養摂取したと判断しきれず空腹感が続き、どれだけ食べてもお腹が満たされない状態になります。78〜79ページに記載したような話にならないのです。

そのため、サプリメントで代替栄養補給を試みるのですが、中には粗悪な品質のサプリメントもあるため、そのせいで腎臓や肝臓の機能が低下、病気になる方もいらっしゃるようです。これはサプリメントの成分ではなく、カプセルが原因であるようです。カプセルが自然由来のものではないので、体内で蓄積されて臓器に負担をかけているのです。

健康になるもので、不健康になってしまう。おかしなことですね。

不調になると病院や薬にすぐに頼り、変な依存心が蔓延しているような印象を受けます。

医療機関に駆け込む前に、自らが学び、見直すことでクリアになることって実は多いのです。

私は自身が子宮筋腫を患ったことで、自分の身体を見直す貴重な機会に恵まれました。今では病気をしたことに感謝しています。

野菜にしても、米にしても、味噌づくりに欠かせない大豆も、自身の活動を通して生産者さんと直接の繫がりを得て、取り寄せることができています。皆様にもぜひ、生産者さんと直接の繫がりやご縁を得ていただき、自然本来、自然の摂理に適うものを毎日の生活へ取り入れていただきたいと願います。

そうすることで四季の、旬の食材を食卓に並べて、病気と無縁の生活をしていただけるのです。

人間の健康は毎日食べるもので作られるのですから。

ＣｈａｔＧＰＴを利用して「医食同源」献立を考えてもらう

私の考える医食同源、いかがでしょうか？　決して難しいことではないと思うのです。

〝旬の食材を食卓に並べる〟というだけ。「旬」を学び、季節を意識して、相応の食材を食卓に並べるという感覚を養うことで得られるものです。結構、シンプルです。

例えば、イチゴなんて通年で見かけるし、みかんもそうです。真夏にイチゴやみかんを販売していること自体おかしいという感覚を持っていると、店頭に並んでいても違和感を覚えるはずなのです。

そういった感覚があると食卓に並ぶことはないでしょう。

今はスマホひとつあれば簡単に調べられます。目の前の食材が「旬」のものなのかは、検索すると教えてくれます。若い世代の方ですと、ＣｈａｔＧＰＴのような生成ＡＩを利用すると、旬の食材を使った献立まで作ってくれますから、そういったもので工夫するのも良いのではないでしょうか。

第1章にも言及していますが、ハンバーグ料理やイタリア料理に旬の食材を取り入れてみるなどの工夫やアレンジも可能です。

これだけで栄養バランスが取れるとなれば、少しは肩の荷がおりませんか？

第三章　味噌づくりを通して「和食」の原点に触れる

味噌づくり

「はじめに」でもご紹介しておりますが、私は和食料理研究と合わせて、手作り味噌ワークショップを毎シーズン、2月から3月の初めにかけて開催しています。「寒仕込み」です。

ご家庭で「和食」を見直していく場合、私がオススメするのは調味料から始めることです。

スーパーやネット販売を通して気軽に手に入る便利さと相まって、日本全国のものはもちろん、海外の様々な調味料が巷に溢れています。

国内産のものでは、醤油や塩、酢、みりんなど、豊富な種類があります。ネット販売されているものでも生産者さんが心血を注いで、丁寧に仕込んでいるものも多くあります。

第1章でお伝えしましたが、昔から日本の家庭で常備する基礎調味料のことを「さしすせそ」で表現します。

・さ　砂糖
・し　塩
・す　酢
・せ　醤油
・そ　味噌

私は自宅で手作り味噌ワークショップを開催しているので、これらの基礎調味料の中でも、特にオススメしたいものが「味噌」です。

味噌は栄養面でも非常に優れており、保存が利くものでもあり、食品としても副菜や肴にもできる、魅力いっぱいの調味料です。

味噌を使った料理のレパートリーが増えるのは、食卓を彩ることに繋がります。

味噌をドレッシングとして使う、魚と肉を味噌に漬けて焼く、魚を味噌で煮る、味噌をペースト状にしてコンニャクや茄子に塗って焼く味噌田楽は手軽に作れます。お酒を嗜む方は味噌を舐めて肴にするのも良いでしょう。調味料の範疇を超えて食品としても楽しめる、食事のバリエーションを増やしてくれるのが味噌なのです。手作りでゆず味噌、ふきのとう味噌、にんにく味噌、ねぎ味噌……このように味噌は、ご家庭で作れることもあり、決まった季節に仕込むことから「旬」を感じられることが嬉しい。

今は自然食品店や拘りを持つスーパー、ネットでも品質の良い味噌が手に入ります。工場の機械による大量生産とは異なり、時間と手間をかけて生産されているものです。大量生産品を購入せず、あえて手作り味噌をオススメする理由。それは、

「美味しい」からです。

寒仕込みで、自身で仕込んでいくと味噌に愛着が湧きます。自身で仕込んでいるので、成分が明確なのも特徴です。自身が口にするものに変なものを入れたりしないですよね？

味噌の主原料は、大豆、麹、塩、水の４つです。非常にシンプルです。だからこそ誤魔化しが利かない。

大豆が収穫できる時期には旬があります。私は昔からお世話になっている生産者さんより取り寄せています。

味噌づくりで使う水は「大寒」１月２０日に採ったものを使用します。季節的には最も寒い時期です。この時に採った水は「寒の水」と呼ばれ、「大寒の日の水は腐らない」と謳《うたわ》れることもあり、寒の内に汲んだ水は大切にされています。また、身体にも良く、薬にされるとも言われており、私はこれを信じて「大寒の水」を使っています。

麹も生産者さんを選別して仕入れています。塩に至っては必ず天然もので、製造方法も天日干しものか、平窯で炊いたものを使用します。全ての原材料が自然素材で、生産者さんの顔が見えているものです。それほど拘り抜いています。

これらを主原料とした味噌は格別です。調理の準備段階からウキウキワクワクします。

大豆を一晩水に浸けておくとふやけます。圧力をかけて蒸すとホクホクの大豆ができ上がります。

蓋を開けると、蒸気と共にキッチンやダイニングルームに大豆の香りが広がります。湯気の立つ大豆からは特有の風味豊かな香りがして、嗅ぐだけで食欲が刺激されてお腹が鳴るほどです。

この時にできた「茹で汁」は捨てません。茹で汁だけでも十分美味しいのです。この茹で汁で味噌を溶くと言葉で表現しようがない「絶品味噌汁」ができ上がります。出汁も具材もいりません。文字通り「味噌汁」です。それだけで満足な一品になります。

私の友人に「茹で汁」だけをお代わりする人がいます。この時に、こちらの男性の友人がくると、何よりも、誰よりも「茹で汁」を美味しいと言って目を瞑りながら、じっくり味わって飲んでいます。

ゆで汁も絶品

味噌の蔵出し時期になると、各自が手作りした味噌を引き渡しま

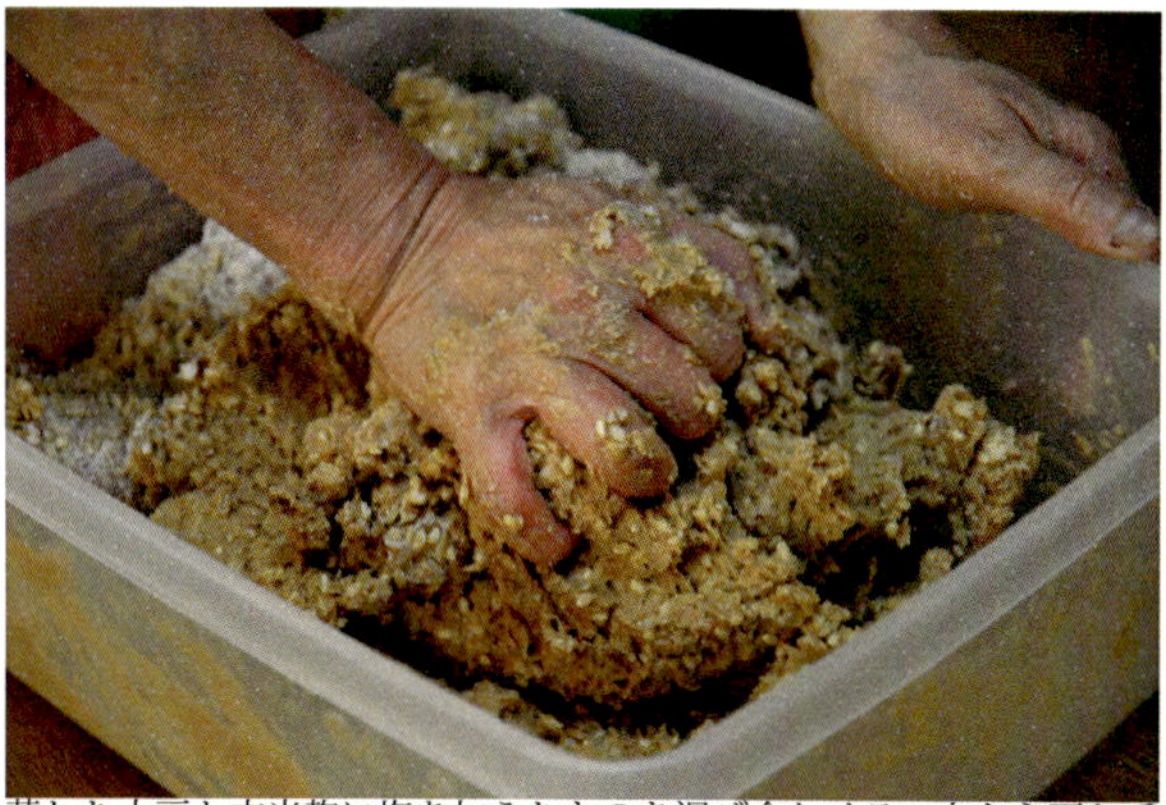
蒸した大豆と玄米麹に塩を加えたものを混ぜ合わせる。力も必要な手作業

す（＊我家で預かり、保存具合の確認をしています）。その時に旬の野菜を中心にした「蔵出しランチ会」と称してお料理を提供し、皆で味噌のでき栄えを確認しながらおしゃべりするのです。それほど美味しいものなのです。それを見ている私はとても幸せ。この瞬間が愛しいのです。だから手前味噌づくりを４０年以上も続けられるのです。

やってみてわかる「味噌づくり」の意外な手軽さ

手作り、手作業というと、皆さん手間がかかる、メンドクサイという印象をお持ちのようです。自身の手で作った味噌の味がどれほど美味しいかを経験していないからでしょうか。実際に初参加いただいた方が翌年以降、毎年足を運んでくれるようになるのが実状です。一度、体験すると、一度、手作り味噌を味わってしまうと、もう市販の味噌に戻れなくなってしまうのです。

隙間ができないよう（空気が入らないよう）別容器に叩き入れる。ここから約半年待って完成！

それほど美味しくて魅力あるものなのです。それは常在菌で作る「手前味噌」になるからです。

ご参加くださる世代は幅広いです。娘や姪といえる子育てママ世代から私と同世代、さらに

完成後の味噌。一度手作りしてしまうと、既製品には戻れない！

上の世代の方、時に若い男性を含めて賑やかに開催しています。海外在住の方が一時帰国の際にご参加くださることもありますし、味噌づくりのシーズンに合わせて帰国してご参加くださることもあります。それほど手作り味噌の魅力にハマってしまうのです。

どうしてこんなにハマってしまうのでしょうか？

その理由の一つは「原材料」にあると思っています。ワークショップを開催する数か月前からシーズン中、私は体力勝負でやっています。原材料に拘るということは、体力を要するということでもあるのです。

原材料を全国各地から取り寄せることから始まり、自宅へ届いたら一人で中へ運びます。それらを保存と保管のための場所へ移動します。大豆は何十人分もの原材料ですから、多い時で、重量にすると１２０キロ以上です。

水は２０リットル入りのものを１５箱、計３００キロ。１キロの味噌を作るのに必要な水の量は3リットルです。

塩は全部で４８キロ、原材料の重量だけで合計５００キロ相当です。

ワークショップをどこか別の会場で開催する際も一人で準備して運びます。

出張時は圧力鍋5つ。1つ3キロあります。あらかじめ水に浸けて蒸かしたものを圧力鍋へ入れて持ち運ぶので、重量が増します。ランチ用の食事も用意して、それを家の中からガレージの車まで運び、屈んで出し入れします。相当な運動量です。

それでも一人でやってしまう私自身、驚いています。そのようなことができてしまうのは、毎日の食卓に「味噌」を取り入れているからだと思っています。

味噌はそれほど栄養価に富んだパワーフードなのです。

日本人はもっと味噌のこと、和食の原点を知ることで、美味しい毎日の食卓と健康な日々を享受できるのです。

大豆の凄さ

ご年配の方にはピンとこないかもしれません。若い方はご存じかと思いますが、漫画で「ドラゴンボール」というのがあります。詳細は割愛しますが、主人公が戦って体力がなくなり動けなくなると、仲間が「仙豆《せんず》」という、そら豆に似た大粒の豆を手渡します。それを一粒食べると瞬時に体力が回復するというものです。

これは漫画の世界で描かれるものですが、実社会においても、「味噌汁」を飲むだけで体力が回復することが多々あります。発酵食品でもあり、塩が摂れて、液体ということもあって消化に負担もなく、すぐに吸収されて体力回復の即効性もあります。それほど大豆だけでなく豆類全般、エネルギーチャージしてくれるパワーフードなのです。

「味噌」の由来を知ると、手作りしたくなる

ここまで味噌の魅力を熱弁しておいて今さらなのですが、そもそも「味噌」って何でしょうか？

言葉の表現に使われることもあります。

謙虚さを表す「手前みそ」、人体部位で俗的に表す「脳みそ」、悪口にも出番がある「くそみそ」など、ここで使われる「みそ」は「味噌」なんですよね。

では、本来の自然食品である味噌のこと、どれほどご存じでしょうか？

ひと言で味噌といっても種類が豊富です。メインの原材料をとってみても

・豆（大豆）
・麦
・米

と大別されます。

地域によって気候風土が変わるので、風味、香り、発酵状態も変わります。全国的に多いのが米味噌「大豆×米麹」のものが80％ほど占めており、地域で見ると北海道全域と本州（東海地方と四国の一部、山口県を除く）、次いで麦味噌「大豆×麦麹」で、九州全域と四国の一部と山口県で生産消費されています。残す豆味噌「大豆×豆麹」は東海地方で生産消費されています。先述の通り気候風土の差ですね。俗に、北は辛く、南は甘いといいます。

また、米どころと呼ばれる地域の知恵ともいえるでしょう。大豆が主原料の味噌ですが、中でも有名な「八丁味噌」は時間と手間ひまかけて仕込むものです。

その期間、およそ3年。この期間、木枠樽の中で熟成していき、育っていきます。まさしく生き物と同じで命が宿っています。これが可能なのは目に見えない微生物が働きかけてくれているのです。

私はミネラル豊富な玄米麹で作っています。

現代社会の「キレイ好き」は味噌の発酵具合を変えてしまう

味噌づくりに必要なのは微生物であるのですが、その中には人間が擁する「常在菌」も含まれます。第2章で「医食同源」について述べましたが、そこでは腸内環境の大切さをお伝えしています。

腸内環境をととのえてくれるのは「微生物」すなわち、腸内細菌です。腸内細菌の働きによって、私たちは日々の営みを行えるのです。

にも関わらず、現代社会はとかく「除菌」「滅菌」が盛んです。これによって人体に必要な菌も失せてしまい、病気を招いています。味噌や醤油、酒、梅干し、麹、これら全て菌によってできるということを、私たちは今一度、考え直す必要があるのではないでしょうか。

常在菌を否定して排除すると味噌の発酵具合が変わります。それが顕著に表れたエピソードを取り上げたいと思います。私が開催する味噌づくりワークショップで起きたことです。

抗がん剤によってカビだらけの異臭を放つ味噌ができ上がった

ある年の味噌づくりワークショップに参加された方は、がん治療経験がある方で、抗がん剤治療後の翌年に参加されました。

手作り味噌のワークショップを、自身の身体と健康を見直す機会と捉えて、知人とご参加されたのです。

仕込みが終わり、以降、希望者は我家でお預かりして保管をします。その期間、約半年です。私が定期的にお預かりした味噌を確認します。

ある時、どうにも違和感ある樽が目につきました。中の様子を確認するために蓋を開けると、味噌にビッシリとカビが生えているではありませんか。さらに、とんでもなく強烈な異臭を放っています。樽に記載されたお名前を確認すると、抗がん剤投与された方のものでした。

その原因、すぐにわかりました。抗がん剤治療は体内のあらゆる微生物、常在菌を攻撃して滅してしまうといいます。抗がん剤投与から時間が経っていても、その方の身体に必要な常在菌がなくなっていたのでしょう。味噌仕込みの際には、自身の手を使って仕込むのですが、その時、毛穴や皮膚を通して体内に蓄積された毒素を排泄しています。この方の場合、常在菌が滅していることから、抗がん剤治療で受けた毒素を排泄しており、その強さが味噌麹を殺してしまい、外から入ってくる菌も滅して、カビの繁殖を招いているようなのです。薬物の毒素が味噌へ浸透し、異臭を放っていたことは言うまでもありません。

もう一つ、事例をご紹介しましょう。４０代の主婦の方です。毎年、味噌づくりワークショップを楽しみにしてご参加くださります。家庭的で明るく、笑顔が素敵な方です。パートナーとの関係も割とよさそうで、相手に対する不平不満も滅多に口にすることがありません。

ある年の仕込みの際に、いつもと様子が違うことがありました。暗い表情で笑顔もなく、声も重たく感じます。どうもパートナーとの関係が怪しいのだと伺うことができました。

人間がこのような状態にある時、身体のアチコチに不平不満が蓄積されていて、それがいつの間にか体内毒素として変貌し、臓器や筋肉にも溜まっています。

味噌仕込みの際にその毒素が経皮排泄されてしまうのは、先の事例でお伝えした通りです。

この女性が仕込んだ味噌が例年にないでき上がりとなりました。カビの繁殖と合わせて変色までしていたのです。

蔵出しの際、当人はこの様子を目の当たりにて、自身の心の状態をそのまま反映していると理解して、大切に抱えて持ち帰って行きました。

味噌に何の罪もありません。私は、言霊ってあると思っていて、味噌仕込みの時に愚痴やマイナス言葉を使わないようにお伝えしています。このような現象が起きてしまうからです。彼女が味噌樽を大切に抱える姿と、味噌に詫びの言葉をかけている様子が印象的でした。

ワークショップ参加者にご提供する素材は全て同じです。管理している環境も同じです。皆さん全く同じ条件の下で仕込むのです。ですが、先の２つの事例のように個々の心理状態、精神状態、肉体状態によって変わるのです。

全て「常在菌」の成すものといえるでしょう。

雑菌は悪いものではありません。善いもの、悪いものへ仕立てているのは人間です。

腸内環境ではそれが顕著になります。

よく耳にする「善玉菌」「悪玉菌」は本来、どちらでもありません。ただの「菌」として存在しています。

それが人間の心理・精神状態によってどちらにも傾きうるのです。中には「日和見菌《ひよりみ》」として中立の立場にいるものもあります。それにしても人間の心理・精神状態で善玉菌、または悪玉菌へ変貌するのです。

このことを私たちはもっと知るべきです。

雑菌、微生物と共存していることを理解しないといけません。

余談ですが、随分前に参加した自然環境学か栄養学の講演会だったと記憶しています。その時の講師が語っていたのですが、人間を全くの「無菌」状態の環境に置くと早死にするそうです。

免疫が育たず、抵抗力がつかず、死んでしまうのだとか。

現代社会の「キレイ好き」は自ら「免疫」「抵抗力」を放棄しているようなものです。

免疫も抵抗力も雑菌、微生物が育ててくれていることを理解しないといけませんね。

最初の事例に登場された抗がん剤治療の方は、がん細胞は体温が上がると消えると信じていらっしゃいました。私も同じ意見です（このことは第2章の医食同源でも言及しています。そちらをご参照ください）。

味噌で体温が上がり温まるのは、体内に摂り込んだ後、腸内で他の微生物や菌と反応して起きる現象です。体温が３７℃を超えると抵抗力がつき、病気知らずの身体になるのです。それも全て微生物、常在菌のおかげです。常在菌を滅することなく大切なものと理解することは、美味しい味噌の完成につながるのです。

美味しい味噌は、必要な常在菌を含んでいるので美味しく仕上がり、各家庭の味となります。

美味しい味噌を作るにあたり

では、より美味しい味噌を作ろうと思ったら、どうするのが良いのでしょうか？

それは自身の健康のバランスとととのえることです。

そのために少し人体のことに触れますね。第２章の医食同源でも触れているので重複説明になることをお許しください。

私は日本人の身体とＤＮＡが発酵物を欲するのではないかと考えます。

そうでなければ、これほど味噌、醤油、梅干し、漬物を欲しないのではないでしょうか？

日本人は海外旅行へ行くにも味噌汁や梅干しを荷物に忍ばせます。

これはどんな場所にいようと、どんな時でも発酵物を摂ることで自身の健康バランスを取れると思っているからでしょう。

また、ヨーロッパ近隣諸国を訪問すると食事は華やかで美味しいのですが、バターや脂分がたっぷり使われる食事のため、胃腸が疲れてしまうという ご経験があるかもしれません。

そんな時に味噌汁や梅干しを口にすると元気が回復して、時差の辛さをものともせず、アクティブに観光を続けられるのも発酵物が活きているからではないでしょうか。

こうした発酵物を作るにも、摂るにも、まずは健康であることが大前提です。そのために体温を37℃でキープすることで、身体を丈夫にしておくこと。そして手間ひまかけて作る。それこそが美味しい味噌を作る秘訣です。

味噌づくりを時短料理にしてしまうとどうなるか？

料理番組や雑誌の料理特集、グルメサイト、レシピサイトでよく見る「時短料理」。

個人的な見解ですが、「時短」を工夫するところがおかしいのではないかと感じています。便利＝時短になっていて、その工夫が食材に適用されているところ、調理時間に適用されていることが多いのです。一番大切な「手間をかける」ところへ時短を採用してしまっています。

仕事で「準備が8割」と表現します。このことは料理にも当てはまるのではないでしょうか。

上品な佇まいのお店の料理は高額であることが多いです。お店自体の雰囲気やサービスも含めての総計になっているわけですが、要となる料理へかけている手間ひまが圧倒的な時間を占めているのです。つまり「下ごしらえ」への対価です。繊細な味付け、仕上げるための火の加減や温度、入念に、丁寧に時間と手間をかけています。だからこそのお代金になります。

もし、そのお代金の中に「時短」を採用していたらどうなるでしょうか？決して快く支払う気分になれないと思いませんか？

イメージしていただきたいのです。SNSやネットで噂の料理店。ようやく予約に漕ぎつけて、多忙な毎日を乗り越えて、この日を待って過ごした日々。座席について一息つくと、待ちに待ったお料理が卓へ運ばれてきます。

繊細な味を楽しんでいる最中、厨房から聞き覚えのある「チン」という音が聞こえてくる。味わっていると、何か適温より高く食材に熱が入りすぎている……。

そこで気付くのです。厨房から聞こえてきたのはレンジの「チン」の音であると。

料理長、料理人が真剣に目の前の鍋と向き合い、神経を尖らせて火加減や火の通り具合、湯気の立ち具合、音を感じて最高の一品を仕上げていたのではなかった。

何か幻滅しませんか？　お会計になると請求書に記載されている金額が「〇〇万円」。

この日を楽しみにしていた日々、お店に対する印象が変わってしまいます。

このお店を再訪しようと思いますか？　おそらく二度と来ないのではない

でしょうか？

もし、このようなことが現実にあるとすれば、客が遠のき、店を閉めるのは時間の問題でしょう。

同じことを家庭でやっているとどうなりますか？

私は個人的にレンジを使いません。なぜなら私自身、電子レンジをした際に、使用前と使用後で食材がどれほど変異しているのかをネットで調べたり、書籍で読んだりしているからです。そもそも物質には「電子」が伴っています。食材も然りです。食材を電子レンジに入れると加熱する構造は、電子レンジから発する電磁波により、食材の電子が動いて摩擦熱を起こし、それが「加熱」として温まるのです。この時点で、食材の電子は人の目では見えない、判別つかないレベルで元の状態から動いているため、一見、「元の食材」のように見えますが、電子レンジで加熱後の食材は、見た目は食べ物ですが、別の物質へ変異しているというのです。そのような変異したものを体内へ摂り込むことは、細胞レベルで異変を起こすと警告しています。突然、体調が崩れるなどの状態になれば、その因果関係もすぐに研究機関によって明らかにされ、一般に知らされるのでしょうが、時間をかけて異変が起きるとなれば、因果関係を証明するにしても、他の要因と重なってくるため真相が見えづらくなります。だから怖いのです。時を経て、ゆっくりと体調に影響するものとして考える必要があるのではないでしょうか。

このようなことから、私はレンジを使った料理を自ら口にすることもしませんし、ましてや食材をレンジで調理もしません。食材本来の味が変わり、舌に違和感を覚えるし、美味しく感じられないからです。

レンジで時短を採用してしまうと「おふくろの味」は不味いと思われ、家族全員、家の料理に対する印象も変わり、ひいては「食」に対する印象も変わってしまうおそれがあります。そういうことに抵抗を感じるのです。

第2章の最初の方でお伝えしているとおり、私が料理の道へ進んだキッカケは母親の料理の不味さによるものです。そのために父へ直談判して料理教室へ通わせてもらいました。

「食」という漢字は屋根の下に良いと書きます。

私は、家の食事が良いものであることが前提であると思っています。このことへ気付くきっかけを考えると、私の活動の原点は「母親の料理」です。そう思うと母に感謝ですね（笑）。

味噌づくりワークショップ中に教えてもらった驚きのエピソード

味噌のワークショップをやっていると、参加者さんから様々なエピソードを伺うことがあります。私の楽しみの一つです。その中で印象的なエピソードをお伝えしたいと思います。

味噌づくりワークショップにご参加くださる方々の多くはリピーターさんです。時にはリピーターさんのご紹介で初見の方がご参加くださります。本当に初めて味噌を一から手作りする方もいれば、どこかで他の方が開催するワークショップを体験した方もいらっしゃいます。共有したいエピソードは後者の方が話していたことです。

「おから」から味噌を作る？

おさらいしましょう。味噌の主原料は大豆、麦、米のいずれかと麹を合わせたものです。そこに水と塩が入って発酵したものが味噌となります。

先述のワークショップ体験者がご参加された「味噌づくりワークショップ」は「〝時短〟味噌づくりワークショップ」であったとのこと。

私はその言葉を聞いてビックリしました。40年以上も味噌を手作りしていて、「時短」でできる方法があるとは知らなかったのです。大いに興味あったので、その方から詳しくお話を伺わせていただくと、驚きの内容でした。

その時短ワークショップでは、**蒸した大豆またはゆで大豆は使わないとのこと!!**

私は最初、耳にした言葉を理解できませんでした。そんなことある???と疑問符しかアタマに浮かんできませんでした。

では何を使って味噌を作っているのでしょうか?

それが「おから」と「豆乳」で代用して、米か麦の麹と塩を混ぜているとのこと。その理由は、

「おから」も「豆乳」も主原料は大豆だから。

目の付け所に驚いてしまいました。

推察になりますが、方程式や化学式のように「味噌づくり」が構成されていて、その式に従うと「味噌」ができるというものでしょうか。「おから」「豆乳」は大豆からできているので、その栄養素も大豆と変わらないのだとか。それらを使うことで「味噌」ができ上がる。

これって「味噌」と呼べるものでしょうか？ 私はそう思いません。料理をする方でしたらすぐにおわかりになるのではないでしょうか。

「おから」とは豆腐を作る際にできる「出涸らし」です。確かに「おから」としての栄養素はありますが、「大豆」の栄養素も、大豆自体のエネルギーも抜けており敵いません。また、おからに水分補給として「豆乳」を入れているようですが、これも「大豆」自体が持つ栄養素も多く含まれているとはいえ何とも言えないです。「味」がどのようなものかも想像がつきません。

大豆を一晩、水に浸けておくなど、本来、手間暇をかけるところで、手間をかけず、時間短縮、簡単にできるというのは、食材本来の味を知り、旬の食材の栄養をしっかり摂ること、それを後世へ伝え残すことを推奨している私の意図とは異なる見解となるので、個人的にはどうかと思う次第です。

このエピソードを教えてくれた方が「味噌もどき」と仰っていました。「大豆」はパワーフードと先述していますが、このこともスルーした結果の産物で、およそ「味噌」とはいえないものです。

何より、本当に「おから×豆乳」で味噌ができるのであれば、ずっと前から**「豆腐屋」が味噌を作っているはずです**。でも、実際はそのようなことはありません。伝統和食の長い歴史の中でも登場していませんし、記録として残ってもいません。それが答えなのではないでしょうか。

〝時短〟味噌づくりワークショップが現在、どうなったのかを知る由もありませんが、今も続いているのであれば、逆説的な言い方になりますが、スゴイことだと思います。

そして世の女性、母親が本当に「伝統和食」と自然素材の味、調理方法を知ることの大切さを再確認できた貴重なエピソードでした。

「時短」の使い途を考える

時短自体は決して悪いものではありません。私が生まれた時代と背景、子育てママさん世代が生まれた時代と背景、そして現在、子育てしながら仕事を両立するママさんの生活背景が私のものと同じであるわけないからです。

現在の社会において、時短は必要です。とにかくやることが多いからです。

ただ、その使い途を考え直す必要があると思うのです。

私が思う時短の使い途は「洗い物」「調理器具」です。

調理作業しながら洗い物をする、これは要領を得る訓練が必要です。大人数なら尚のことです。料理教室で、これができないママさんが意外に多いのです。


ワークショップの参加者はほぼ女性です。何年かに一度、リピーターさんのご紹介で男性参加者がいらっしゃることもありますが、ほぼ女性で占められます。

こうなるとおしゃべりで賑やかになるのは必然（笑）。

ここで料理上手な方と苦手な方が明確になります。

前者はおしゃべりしていようが、手がしっかり動いていて作業が順調に進みます。

一方、後者はおしゃべりに夢中になって、手が動かず作業が中断します。鉄は熱いうちに打てと言われるように、蒸した大豆を熱々のうちにスピーディーに潰して、この中に塩と麹を混ぜたものを加えて味噌のもとを作ります。時間勝負なのです。別のことに集中して作業が中断すると、美味しくでき上がるものもそうではなくなってしまいます。

そのような観点で見ていると、「時短」を料理に採用する方はレンジ料理や惣菜、レトルト、ファーストフードの食事が多いです。

基本の食事がこのようなもので構成されていて、味噌だけ手作りというのは虫がよすぎるお話ですね。

結局、このような方は蔵出しの時期になると取りにくることもなく、LINEのメッセージ一つで「送ってくれ」と言ってこられます。当然といえば当然なのですが、次回以降の参加もありません。味噌づくりワークショップ参加という「ひとりブーム」「インスタ映え」なのでしょうね。

話がそれてしまいましたが、調理時間を利用して洗い物をするとか、調理器具を片付けるとか、時間の「工夫」をすることで「時短」を成立させていただきたいと思う次第です。

何事も練習と訓練です。必ずできるようになります。

食品添加物や化学調味料により、時短料理が成立してしまう怖さ

時短料理が成立する他の理由として、何度もお伝えしている添加物のこと。調理にレンジを使用することで、素材の味や風味が変わってしまうことは先述の通りです。

レンジで温めるだけで済むもの、コンビニ弁当が思い浮かぶのですが、何種類の添加物と化学調味料が使用されているかご存じでしょうか？

まず、興味ある方はネットで「コンビニ弁当」「コンビニ食」と検索してみると良いでしょう。

代表的な検索結果に「身体に悪い」など挙がってきます。なぜ、身体に悪いのか？

多くの方が添加物という言葉が思い浮かぶのではないでしょうか。実際にラベルを見ると不思議な文字やアルファベット、記号、数字が並んでいます。

・乳化剤
・保存料
・化学調味料を示すもの
・着色料

・発色剤
・甘味料
・酸化防止剤
・増粘剤
・pH調整剤
・他、形をととのえるもの

このようなものが入っているのです。第2章でもお伝えしていますが、原材料は「素材のみ」であるものが本来の食品です。

実際、YouTubeなどでコンビニ弁当を食べ続ける企画をする人がいて、途中で体調悪くなり、病院へ行くシーンが流れることもあります。相当リスクが高いことをしているのです。ヘタしたら死亡するんじゃないかと勘繰ってしまうほどです。死亡リスクが高まることはもとより、肥満になりやすい、不眠、糖尿病になりやすい、認知症になりやすい、がんになりやすい、腸内環境の変化などの研究結果も出てきます（ご自身で検索してみてください）。

多様なライフスタイルもあることですから、共働き家庭で何から何まで一から手作りするのは難しいでしょう。レンジを使用することも時間と効率を考えれば仕方ないのかもしれません。けれどその影響は見えないところで、見えない時間をかけてジワジワと浸透していき、直接関係ないような素振りを見せて人体に影響していくことは間違いないようです。

個人的に気になることもあります。訪日外国人旅行者が滞在期間中の日本の印象や食事に関してコメントを求められ、それがネットニュースで取り上げられて記事になっているものを拝見することがあります。

彼・彼女たちは日本のコンビニ食の種類が豊富で美味しいとコメントしているのですが、個人的には懐疑的な見方をしています。その理由について、調べてみるとおわかりいただけますが、日本国内で認可、使用される食品添加物の使用量を考えると、懐疑的に見ずにはいられないのです。

例えば、ＥＵ諸国や北欧諸国は食品添加物の規制が厳しいことで有名ですが、中でもスイスをはじめ、フランスやイタリア、スペイン、ドイツなどのＥＵ主要国では独自の規制があります。日本よりさらに厳しいのです。日本国内で認可されている食品添加物の数は約１，５００種類以上ある中で、スイスや北欧諸国では食品添加物使用を禁止しており、フランス、イタリア、スペイン、ドイツでは約２０種類、多くて３０種類です。アメリカでは約５００～６００種類（中には１，０００種類以上、１０，０００種類と記載されていてあやふやではありますが）とされています。日本が桁違いなのです。

野菜一つとっても、味も見た目も重さも日本の野菜とは大違い。そのような国々の人たちが添加物の味をわからないワケがないと思うのです。一口食べて違和感を覚えるのではないでしょうか。日本のコンビニ食を美味しいと評価していることが不思議でなりません。

第2章で中華料理症候群の話をしています。日本滞在中にこのようなことが起きなければ良いと思います。せっかくの楽しい思い出が、日本の食事で体調不良を引き起こしたとなれば、とても悲しいですね。

やはり私は便利であろうと、時短がもてはやされようと、しっかり手で料理を作りたいと想います。

文明の利器によって生まれたジレンマ

私の友人で家に冷蔵庫を置いていない人がいます。

一人暮らしなので、購入したものやいただいた食材を使いきれずに廃棄してしまうことが心苦しくて生活を見直したら、「冷蔵庫は要らない」という結論に達したようです。冷蔵庫は意外に電気使用量が多く、月々の電気代を支払うこと、空っぽの冷蔵庫をつけたまま持っていること自体、無駄と判断したのだとか。

その代わり、毎日、近所の自然食品店へ足を運び、その日に消費する分のみ買うそうです。店員さんとも仲良くなることで「旬」のものやお得なものを教えてもらえると嬉しそうです。

また、一駅、二駅分を歩いて移動するので、気分転換と運動にもなって良いそうです。

一人暮らしだからこそできることだからと仰ってました（笑）。

私も冷蔵庫に関して想うところがあります。

本書で何度もお伝えしていること。

日本には四季があり、季節ごとの「旬」の食材が豊富であること。

それらを丁寧に調理して食することが家庭料理の基本となり、和食の型となり、文化の継承という形で世界的な和食ブームがあるということ。

核となるのはあくまでも「旬」です。

ここを外すことはできないと思っています。

時代が移り変わり、テクノロジーが発達して人間の生活を便利なものへ進化させ、生活スタイルが多様化することで現代に繋がっています。

生活の中心を食に置いた場合、「冷蔵庫」の普及と進化は語るに外せない要素です。

冷蔵庫によって保存はもとより、どの季節においても、どのような食材も手に入れることができるのです。

私はこのことが「旬」を変えている要因の一つではないかと見ています。季節の摂理から外れているので季節感がわからなくなっているのではないでしょうか。

また地域性もわからなくなってしまいます。

どの土地や地域で生産され、どこから出荷されて、どのように自身の住む地域まで運ばれ、その運搬に何日間を要するかなど、土地と土地、地域と地域の距離感も掴めなくなるそうです。

ほんの数十年前まで、旬の食材にも地域性があり、それを求めて人は旅をし、移動する中で土地や他の地域を巡り、郷土や特産品に触れる機会が多くありました。

それが今ではスマホのボタンをクリックするだけで手に入るようになり、移動することなく、求めるものが手に入るようになりました。便利な反面、失われた感覚が多いように感じます。

それに応えるように生産側もテクノロジーとアイデアを取り入れ、栽培方法も変わってきました。

また、日本の気候変動に伴い、四季から二季へ移行しているような感覚もあります。

これまでの日本の季節感で生活できなくなっているといえます。

例えば、聞いた話ですが、現在、北海道で「マンゴー」を栽培しているとのこと。

ご存じの方も多いでしょうが、マンゴーは南国のフルーツです。世界地図で見ても赤道付近の地域で栽培されるものです。国内では沖縄諸島が有名ですが、10年ほど前から南九州・宮崎県産マンゴーが有名になりました。このことにも驚いたのですが、それが北海道で温泉水の熱を利用して栽培されているのです。

マンゴー自体、紫外線をたっぷり浴びることで糖度が増し、その成分と栄養価で南国地域の方々の身体と健康を支えているのです。寒い地域の方が食すことになると、より身体を冷やしてしまうのではないでしょうか。そうなると美容にも影響してきます。肌や髪の美しさは「腸」の状態を反映しているからです。

私は、温室栽培の食材が現代日本人の食生活を崩しているのではないかと思っています。

これまで誰もやったことないことにチャレンジするのは大変勇気のいることで、それを実践するのは並大抵のことではありません。それは賞賛に値することです。

ただ、その先のことを想像する必要があるのではないかと思います。

フルーツや野菜だけではありません。北海道でよく獲れる秋の味覚「サンマ」も、収穫地域がどんどん北上しているとも聞きます。温暖化の影響なのか、鮭にしても獲れなくなり、代わりに鰤《ぶり》が豊漁とのこと。

今後、さらに北上した地域で漁獲することになれば、それに伴う買い取り費用や権利の問題なども起きてくることは予想がつきます。そうなると販売価格に反映され、家庭におけるお財布事情にも影響してくるのは想像に難くないのです。

お財布事情に関していえば、自然の摂理に適った「旬」の食材を手に入れて、食卓に並べる方が断然お得です。

量が多いので、一品あたりの単価が下がるからです。それを地産地消することで地域活性にも繋がりますし、生産者と繋がりがあることで自身が納得する食材を手に入れ、口に入れることができます。

こうした生活スタイルを習慣づけることにより、「旬」や特産、地域、調理法、人間の5感を発達させて鍛えることができます。

繰り返しになりますが、幼い頃から「旬」の食材、食材の生産、生産者のこと、流通、気候風土に触れていることで、純粋な味覚がさらに鋭敏になり、食材本来の味を理解することができる。それによって容易に添加物を多用した食品や食材を手にすることも、口にすることもなくなります。

結局、本書の冒頭でお伝えしている「3才までに口にするもの」で味覚が決まってくることからも、子どもだけではなく、大人も今一度、日常生活の「食」に関することを見直す必要あるのではないかと思うのです。そうすることで、これから生まれてくる子どもたちの食生活を安全にして、自身から最低3世代、もっと言えば5世代先の未来の日本人の「食」を守ることに繋がるのではないでしょうか。私たち日本人は、もっと「食」に対する意識、「味覚」を研ぎ澄ますことの大切さを理解し、「口に入れるもの」に対する学びが必要と感じています。

それでこそ訪日外国人観光客にしても、安心して日本滞在時に「WASHOKU」を楽しんでいただけるものと信じています。

あとがき

本書をお読みくださりありがとうございます。

この本が世界的ブームの「和食レシピ本」と思って手にしてくださった方は、意外な内容に驚かれたかもしれません。

私は２６才で結婚して、今日まで過ごしてきた人生において、健康とは？食とは？　心とは？　と日々の生活の中で自身に問いかけて過ごしています。

心と身体は口に入れるものに関係があると思い、古希を迎えた今年、この集大成を書物にして書き残したいと思いました。その背景には本書でも触れていますが実父の壮絶ながん闘病を支えてきたことがあります。私自身、子宮筋腫と胃がんを発症し、「何で？」という疑問が生じたことも大きな理由です。日々の食生活を変えないと自分の身体は守れないと思い、健康書籍、スピリチュアル系の書籍を読み、食事改善に、玄米、ローフード、ビーガン、マクロビの料理教室へ通うことを取り入れ、それと共に、数々の健康系や食事改善などの講演会にも参加しました。私自身のモットーとなる、浅く広く学ぶ、いろいろな教室で教えていることをちょっとかじって、自分に合ったところ、良いところ取りをして、自分の身体に良いと思ったことを続けました。その中でも、東城百合子先生のお料理教室は、四季の野菜を使って〝ちゃんと〟と出汁を作る料理が最も適していました。出汁を作ることは、元々、結婚前に通っていた和食料理教室で習っていたので、さらに大切さを実感しました。東城先生の料理教室で販売していた昆布が出汁取りに最適で、今でも同じ産地のものを使っています。

このように食生活を変え、基礎体温を上げ、腸内環境の改善をした結果、時間がかかりましたが、体質は変わりました。

コロナ禍ではストレスを感じる日々が続き、高血圧症になりました。それでも自身の食事改善を続けることで、薬もほとんど飲まずに血圧は安定するようになりました。

皆様が本書を読まれて、添加物のことに触れていることから、どういうこと？　と思われたのではないでしょうか。

先述していますが、食品添加物の認可数が、アメリカで500〜600種類、イタリアやフランス、スペインでは20〜30種類、スイスや北欧諸国では禁止なのに対して、なぜ、日本は1，500種類もあるのか？

日本では、食品本来の味・色を軽視して、売上のための見栄えの良さを重視していることや食品の保存を向上させる目的で旨味調味料（アミノ酸）などの食品添加物、防腐剤が多用されています。

お店で食品を購入する前に、まずは食品に表示されているラベルを確認してみることです。素材以外に見慣れない表記があれば、「何これ？」という疑問を持つことです。これにより、皆様自身と家族が口にするものが、どのようなものなのか、どのように作られているのか、という思考と疑問を持っていただきたいのです。

大切な人の健康を守るため、知識と経験を活かす、手にする食品の選択肢を増やし、知った上で手にすることの大切さを学んでいただきたいのです。感覚が研ぎ澄まされた「舌」を持つと体調不良と縁遠くなり、たとえ食品添加物を摂ったとしても慌てない心を育てることができるのです。

他、身体の中に摂り込んだ食品添加物を「排泄」「解毒」できるような身体づくりをすること。

私の考え方の根本にあるものは「本物の食材の味を知る」「日本の風土に

合った四季の食材と旬のものを食べる」です。

本書をご覧の皆様とご家族、そして「血の筋は7代」という諺《ことわざ》があるように、食卓を和食に変えて「食」と「生活」と「健康」を見直す機会になれば幸いです。

みそ作りのきっかけを教えてくれた実姉、亡き父母の元に生まれたことで、自分の身体は自分で守る術を学べて、これまで培ってきた経験を書籍に残すことができました。病気知らず未病の主人、アラフォーまで元気に生活している2人の息子、義娘、孫4人に出会えたことに感謝します。

本書を出版するにあたり、虹色社《なないろしゃ》の山口代表、熨斗編集長のご協力がなければ書籍出版は実現しませんでした。ありがとうございました。心から感謝いたします。

荒井　秀

参考文献

安部司『食品の裏側』（東洋経済新報社、2005年）
内海聡『1日3食をやめなさい！』（あさ出版、2014年）
内海聡『不自然な食べものはいらない』（廣済堂出版、2014年）
内海聡『その油をかえなさい！』（あさ出版、2015年）
内海聡『医学不要論』（三五館、2013年）
内海聡／真弓定夫『医者だけが知っている本当の話』（ヒカルランド、2015年）
江原絢子（監修）『教養としての和食』（山川出版社、2024年）
長田夏哉『体に語りかけると病気は治る』（リンマーク出版、2014年）
齋藤つうり『自分探しのアカシックリーディング入門』（説話社、2013年）
たかせさと美『新しい体を作る料理』（すみれ書房、2023年）
東城百合子『家庭でできる自然療法』（あなたと健康社、1978年）
東城百合子『家庭の味　手作り食品』（あなたと健康社、1980年）
東城百合子『食べものと自然療法』（あなたと健康社、1992年）
船瀬俊介『病院で殺される』（三五館、2013年）
船瀬俊介『和食の底力』（花伝社、2014年）

船瀬俊介『やってみました！1日1食』（三五館、2014年）
柳原一成『ちゃんと作れる和食』（マガジンハウス、2006年）
柳原敏雄『伝承日本料理』（日本放送出版社、1977年）
若杉友子『若杉ばあちゃん医者いらずの食養訓』（主婦と生活社、2016年）
イナ・シガール『体が伝える秘密の言葉』（ナチュラルスピリット、2014年）
リズ・ブルボー『あなたは誰？』（ハート出版、2008年）
ルイーズ・L・ヘイ『ライフ・ヒーリング』（たま出版、2012年）
『いつでも野菜を　保存版　旬の野菜おかずレシピ』（オレンジページ、2005年）
『きほんの旬レシピ』（オレンジページ、2010年）

《出版社より》
本書の内容は、著者の意見や見解および参考文献に基づいています。出版社は、本書の内容の正確性や完全性について保証するものではありません。また、本書の内容に基づいて行われた行動や決定について、出版社は責任を負いかねます。読者の皆様には、自己の判断と責任において本書をご利用いただければ幸いです。

【著者】

荒井 秀（あらい ひで）

1954 年東京生まれ、料理研究人（りょうりけんきゅうびと）。
自宅にて、味噌作り・梅干し作り・ランチ会・料理教室を開催。
ランチ会、料理教室では調味料を変えることを伝え、
日本の四季の食材、旬のものを使い、口から入れるもので
体質改善＆食を見直すアドバイスをしている。
皆さまが、【自分のカラダは自分で癒せる】ことに気が付き、
日本人本来の食生活に戻るために、
経験や培ってきたことを伝えられるよう日々研鑽中。

Instagram アカウント：
@HIDESUN_NATURAL　荒井秀
@HEALING.CUISINES　ヒデ Hide ヒデさん家の食卓（海外向け）

和食癒源　四季の食材を食卓に

2024 年 11 月 11 日　第 1 刷発行

著者　荒井秀
編集　虹色社
発行者　山口和男

発行所 / 印刷所 / 製本所　虹色社
〒 169-0071 東京都新宿区戸塚町 1-102-5 江原ビル 1 階
電話　03（6302）1240

ISBN 978-4-909045-69-0
定価はカバーに表記しています。
乱丁本、落丁本はお取り替えいたします。